Saucen

Michel Roux

Saucen

Die Quintessenz der feinen Küche

Fotos von Martin Brigdale

Christian Verlag

WIDMUNG

Es bedurfte nur einer kurzen Überlegung, und ich wußte, wem ich mein neuestes Werk über »Saucen« widmen würde. Da es nur wenige Könner auf diesem so bedeutenden Gebiet der Kochkunst gibt, widme ich meine neueste Schöpfung allen jungen Köchen dieser Welt, in der Hoffnung, dieses Buch möge ihnen helfen, die Wunderwelt der Saucen-Kochkunst zu entdecken, zu beherrschen und weiterzuentwickeln.

DANKSAGUNG

Ich danke folgenden Personen für ihre wertvolle Unterstützung bei der Entstehung dieses Buches: meinem Sohn Alain Roux, erster Sous-Chef im »Waterside Inn«, der alle Rezepte ausprobiert und für den Fotografen zubereitet hat; Martin Brigdale, der diesen Rezepten mit seinen brillanten Fotos »Leben« eingehaucht hat, und Helen Trent für das Styling; Mary Evans für ihren künstlerischen Blick und ihre Geduld, wenn es darum ging, mein eigenes künstlerisches Temperament durchzusetzen; Paul Welti für seine hervorragende Designer-Arbeit; Kate Whiteman, die stets wußte, was ich sagen wollte, auch wenn mir die Worte fehlten; Claude Grant, der Tag und Nacht mit dem Tippen des Manuskripts beschäftigt war und sich weder durch meine unleserliche Schrift noch durch unmögliche Termine aus der Ruhe bringen ließ; und meiner Frau Robyn, die mir stets zur Seite steht und mir meine kleinen Fehler und Schwächen immer wieder verzeiht.

Sonderausgabe
Aus dem Englischen übersetzt von Karin Hirschmann
Redaktion: Britta Muellerbuchhof
Korrektur: Herbert Scheubner
Einbandgestaltung: Horst Bätz,
Herstellung: Dieter Lidl
Satz: Fotosatz Völkl, Inzell/Obb.

HINWEIS

Alle Informationen und Hinweise, die in diesem Buch enthalten sind, wurden vom Autor nach bestem Wissen erarbeitet und von ihm und dem Verlag mit größtmöglicher Sorgfalt überprüft. Unter Berücksichtigung des Produkthaftungsrechts müssen wir allerdings darauf hinweisen, daß inhaltliche Fehler oder Auslassungen nicht völlig auszuschließen sind. Für etwaige fehlerhafte Angaben können Autor, Verlag und Verlagsmitarbeiter keinerlei Verpflichtung und Haftung übernehmen.

Korrekturhinweise sind jederzeit willkommen und werden gerne berücksichtigt.

INHALT

Über Saucen

Die Kochkunst mit allen ihren Disziplinen vergleiche ich am liebsten mit einem mächtigen, weitverzweigten alten Baum, der kräftig wächst und dessen große Äste aus dem lebenspendenden Saft im Stamm gespeist werden. Von seinen unzähligen Wurzeln gehören die »Saucen« zu den ältesten und bedeutsamsten.

Klassische Saucen

Sie werden seit Jahrhunderten zubereitet, sind gewissermaßen ein Kulturerbe. Diese wirklichen Klassiker unter den Saucen sind feinwürzig, kräftig, elegant und exquisit und begleiten ein festliches Essen zu besonderen Anlässen.

Einfache Saucen

Zu dieser Kategorie gehört eine Vielzahl von Saucen für beinahe jeden Zweck und für viele Anlässe. Sie sind im Handumdrehen zubereitet und passen gut zu Fleisch, Fisch oder Nudeln.

Moderne Saucen

Das sind die Newcomer unter den Saucen: schnell und leicht zubereitet. Sie sind meist kalorienarm und daher gut bekömmlich und schmecken ausgezeichnet zu Salat, Rohkost, Gemüse und Dessert.

Die Grundzutaten

Für alle Saucen, ob einfach oder raffiniert, sollten nur erstklassige Zutaten verwendet werden. Zutaten wie Kräuter, Gewürze, Wein, Spirituosen, Fonds, Fumets und andere Würzmittel sollten mit der größtmöglichen Sorgfalt ausgewählt werden.

Der Koch als Barkeeper

Die Arbeit eines Sauciers gleicht der eines Barkeepers, der einen Cocktail mixt. Entscheidend sind die richtigen Proportionen: Geschmacksintensive Zutaten, wie einige scharfe Gewürze, kräftig schmeckende Kräuter oder Alkohol, sollten stets sparsam und ausgewogen verwendet werden.

Der Koch als Alchimist

Eine Prise hiervon, eine Prise davon – das Zubereiten von Saucen hat wahrlich etwas Magisches. Eine Flamme züngelt unter dem Topf mit der brodelnden, dampfenden Flüssigkeit hervor und erleuchtet das Gesicht des »Saucen-Zauberers«. Verklärt atmet er die aromatischen Dämpfe ein, und seine Phantasie wird beflügelt.

Meine Saucen

Mit vierzehn Jahren ging ich bei einem Konditor in die Lehre, im Anschluß daran arbeitete ich jahrelang in Hotel- und Restaurantküchen. Während dieser Zeit wurde ich von den Küchenchefs, unter denen ich lernte, in die Geheimnisse der Saucen eingeweiht. Später dann erweiterte ich meine Kenntnisse, entwickelte die Saucen weiter, wie es mir beliebte, und kreierte raffinierte neue Saucen, passend zu meinen Gerichten.

Es gibt Saucen für jede Jahreszeit, für jeden Geschmack, für jede Gelegenheit. Manche sind im Nu zubereitet, andere brauchen etwas Zeit. Bei allen Saucen, ob pikant oder süß, geht es mir darum, ein Gericht geschmacklich optimal abzurunden.

Im »Waterside Inn« bereite ich übers Jahr Hunderte von verschiedenen Saucen zu: raffinierte neue und bewährte klassische, luftig leichte und üppige, je nachdem, wozu sie gereicht werden sollen. Die nachfolgend beschriebenen Saucen gehören zu meinen Lieblingsrezepten. Es sind phantasievolle und sehr unterschiedliche Kreationen, die leicht nachzukochen sind.

Das Zubereiten einer Sauce regt die Sinne an. Der optische Reiz und der Wohlgeruch zum Ende der Zubereitungszeit verleiten zum Träumen und lassen uns die wunderbare Welt der Saucen entdecken.

Die Fotos

Der herausragende technische Stand der Fotografie macht es mir möglich, alle wichtigen Handgriffe bei der Saucenzubereitung in brillanten Farbfotos festzuhalten. Die einzelnen Schritte werden dadurch anschaulich und lebendig.

PRAKTISCHE TIPS

Die Wahl der richtigen Sauce und deren Zutaten

MENÜPLANUNG: Innerhalb eines Menüs nur eine der großen klassischen Saucen servieren; die anderen dezent und einfach halten.

Eine üppige, kräftige Sauce nie zu Beginn eines Menüs reichen.

Bei der Zusammenstellung des Menüs nach Möglichkeit auf Saucen verzichten, die die gleiche Farbe und Konsistenz oder eine ähnliche Geschmacksbasis haben, zum Beispiel Wein oder Spirituosen. Nicht alle Saucen eines Menüs nur klassisch oder modern zubereiten. Ihre Gäste werden sich über eine ausgewogene Zusammenstellung freuen.

PRODUKTE DER SAISON: Genauso wählerisch wie beim Einkauf der Zutaten für die Speisen sollten Sie bei der Auswahl der Saucenzutaten sein, und am besten sind immer Produkte der Saison. Das Ergebnis kann sich sehen lassen: eine erlesene Sauce, aromatisch und köstlich.

WÜRZEN: Eine Sauce zunächst nur schwach salzen und immer erst dann mit Salz abschmecken, wenn sie die gewünschte Konsistenz erreicht hat. Erst kurz vor dem Servieren mit Pfeffer würzen, damit das Aroma und die frische Schärfe erhalten bleiben.

CURRYPULVER: Eine Prise Currypulver über schäumende Butter gestreut, verfeinert den Geschmack von gedämpftem Fisch, hellem Fleisch und Gemüse.

SCHALOTTEN: Nach dem Hacken werden Schalotten schnell bitter. Vor Verwendung in einer Sauce sollten sie deshalb kurz unter fließendem kaltem Wasser abgespült werden.

KNOBLAUCH: Knoblauchzehen immer längs halbieren und den grünen Keim im Inneren entfernen. Der Knoblauch schmeckt dann milder und feiner.

Die geschälten Knoblauchzehen mit einer großen Prise grobem Salz in einen Mörser geben.

Den Knoblauch mit dem Stößel zu einer Paste zerreiben.

PILZE: Ihr moschusartiger Geruch, der an Baumrinde und feuchten Waldboden erinnert, verleiht vielen Saucen das gewisse Etwas. Frische Pilze sollten möglichst nicht gewaschen, sondern lediglich mit einem feuchten Tuch vorsichtig abgewischt werden, da sie wegen ihrer porösen Oberfläche leicht Wasser aufnehmen und dann an Geschmack verlieren. Gehackt oder feinblättrig geschnitten, gibt man sie während des Kochens an die Sauce.

Einige Pilzarten, wie zum Beispiel Zuchtchampignons, büßen beim Kochen an Aroma ein und sollten deshalb großzügig verwendet werden. Andere Arten, wie beispielsweise Shiitake, haben ein sehr dominantes Aroma, und schon eine kleine Menge genügt zum Würzen.

Getrocknete Pilze werden vor der weiteren Verarbeitung zuerst eingeweicht und sind ein guter Ersatz für frische Pilze. Höchsten Genuß bieten frische schwarze oder weiße Trüffeln, die ein paar Minuten vor dem Servieren der Sauce hinzugefügt werden. Zahlreiche Saucen profitieren von dieser unvergleichlichen Würze.

SUD VON SCHALTIEREN: Die Kochflüssigkeit von Austern und anderen Muscheln nicht weggießen, sondern in kleinen Mengen an Fischsaucen geben. Dieser aromatische Sud gibt den Saucen mehr Würze und Gehalt.

GEMÜSEKONZENTRATE: Diese Konzentrate machen eine zu üppige, zu kräftige oder zu dick geratene Sauce leichter und luftiger. Außerdem verleihen sie einer Sauce oder einer Gemüsebouillon mehr Geschmack. Separat in einem Schälchen gereicht, sind sie auch eine vorzügliche Beilage zu gedämpftem Fisch. Warm unter eine Vinaigrette gerührt, serviert man sie zu Gemüse oder Schaltieren.

Gemüsekonzentrate lassen sich aus fast allen Gemüsesorten zubereiten. Dazu wird das Gemüse je nach Struktur fein oder grob gehackt, mit sehr wenig Flüssigkeit (Wasser oder Geflügelfond) in einen Topf gegeben und zugedeckt weich gekocht. Diese Masse anschließend durch ein feinmaschiges Spitzsieb streichen und luftdicht verschlossen im Kühlschrank aufbewahren.

ESSIG UND ZITRONE: Ein Spritzer Essig oder Zitronensaft, kurz vor dem Servieren zugefügt, wirkt bei einer etwas langweilig schmeckenden Sauce manchmal Wunder.

Zubereitung und Aufbewahrung von Saucen

ZUBEREITUNGSZEIT: Die in diesem Buch genannten Zubereitungszeiten beziehen sich auf die bereits gewogenen und wie in der Zutatenliste beschrieben vorbereiteten Zutaten. Nicht berücksichtigt sind die Zeiten für Vorarbeiten wie Schälen, Hacken, Schneiden oder Blanchieren von Gemüse und Knochen oder zum Beispiel das Zerlassen von Butter.

GARZEITEN: Die für das Kochen und Reduzieren von Saucen angegebenen Zeiten dienen lediglich als Anhaltspunkt, da der Hitzegrad je nach Herdtyp und Topfart erheblich variieren kann. Ob die Sauce die gewünschte Konsistenz erreicht hat, läßt sich eindeutig nur mit der Löffelprobe feststellen, wobei man etwas Sauce über einen Löffelrücken laufen läßt.

PASSIEREN: Dünnflüssige Saucen gießt man direkt durch ein Spitzsieb. Dickere Saucen werden am besten mit einem Löffel oder einem kleinen Schneebesen durch ein Sieb gestrichen.

ENTFETTEN: Ein Fond läßt sich mühelos entfetten, wenn man ihn bei Zimmertemperatur abkühlen läßt und dann in den Kühlschrank stellt. Sobald das Fett an der Oberfläche erstarrt ist, hebt man die Fettschicht vorsichtig mit einem großen Löffel ab.

HEISS AUFGESCHLAGENE SAUCEN: Diese Saucen lassen sich nur kurze Zeit warm halten und sollten daher erst unmittelbar vor dem Servieren zubereitet werden. Nur dann sind sie wirklich ein Genuß.

SAUCEN WARM HALTEN: Für diesen Zweck empfiehlt sich ein Wasserbad. Butterflöckchen auf einer weißen Sauce verhindern, daß sich eine unschöne Haut an der Oberfläche bildet. Saucen, die ihre Bindung oder samtige Konsistenz Butter verdanken, werden am besten im Wasserbad warm gehalten. Die Butter wird erst unmittelbar vor dem Servieren dazugegeben.

SAUCEN EINFRIEREN: Alle Fonds und Fumets sind gefriergeeignet. Als Verpackung dienen kleine Gefrierdosen oder ein Eiswürfelbehälter. Der gefrorene Block läßt sich bei Bedarf leicht entnehmen und kann dann im Topf vorsichtig erhitzt werden.

Die Bestandteile eines klassischen Bouquet garni: Thymian, Lorbeerblatt, Petersilie und Porree.

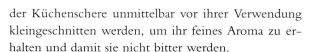

Die Kräuter in das grüne Porreeblatt einwickeln und das Bouquet garni mit Küchengarn zusammenbinden.

Kräuter und Gewürze

In Bray, am Ufer der Themse, habe ich einen Kräutergarten angelegt, wo ich in den Sommermonaten täglich die vielen verschiedenen Kräuter pflücke, die ich für meine Saucen und Salate benötige. Die Frische der Zutaten trägt entscheidend zum Gelingen einer Sauce bei, und insofern habe ich mit meinem Kräutergarten natürlich einen echten Trumpf in der Hand.

Getrocknete Kräuter sollten stets luftdicht verschlossen an einem kühlen, dunklen Ort aufbewahrt werden. Wenn Gewürze zu lange gelagert werden, büßen sie Farbe und Aroma ein, und geöffnete Packungen sollten nach 3 bis 6 Monaten im Zweifelsfall weggeworfen werden, denn falsch aufbewahrte Gewürze machen eine Sauce nicht besser, ganz im Gegenteil, sie können sie sogar ruinieren.

Die beiden goldenen Regeln für die Verwendung von Kräutern und Gewürzen lauten:
★ Kleine Mengen, aber von erstklassiger Qualität.
★ Keine gegensätzlichen und dominanten Aromen mischen.

Wer sich an diese Regeln hält, wird eine Geschmackswelt entdecken, die durch ihre Vielfalt besticht – einfach und doch raffiniert.

Fines herbes ist die Bezeichnung für die klassische französische Kräutermischung. Sie besteht zu gleichen Teilen aus Kerbel, Schnittlauch, Petersilie und Estragon. Diese Kräuter sollten nicht gehackt, sondern mit der Küchenschere unmittelbar vor ihrer Verwendung kleingeschnitten werden, um ihr feines Aroma zu erhalten und damit sie nicht bitter werden.

Die bekanntesten Küchenkräuter sind Basilikum, Bohnenkraut, Dill, Estragon, Fenchel, Kerbel, Knoblauch, Koriander, Lavendel, Liebstöckel, Lorbeer, Majoran, Meerrettich, Minze, Oregano, glatte oder krause Petersilie, Rosmarin, Salbei, Sauerampfer, Schnittlauch, Thymian, Zitronengras und Zitronenstrauch.

Zu den gebräuchlichsten Gewürzen zählen Cayennepfeffer, Curry, Fünfgewürzpulver, Ingwer, Kardamom, Koriander, Kreuzkümmel, Kümmel, Nelken, Mohnsamen, Muskatblüte, Muskatnuß, Paprika, schwarzer, grüner, weißer und rosa Pfeffer, Piment, Safran, Sternanis, Wacholder und Zimt.

Auch Kapern werden oft verwendet, ebenso wie Vanille, das wohl bekannteste Würzmittel für süße Saucen.

Um eine Sauce mit Pfeffer zu würzen, die Pfefferkörner zerdrücken und auf ein Stück Musselin geben.

Den Stoff mit Küchengarn zu einem Säckchen zusammenbinden.

Milchprodukte

Diese Zutaten spielen in der Saucenküche eine sehr wichtige Rolle.

UNGESALZENE BUTTER, das edelste unter den Molkereiprodukten, ist naturbelassen und in der Küche praktisch unverzichtbar. Geschmack und Qualität variieren je nach Herkunft bzw. je nach Futter und Rasse der Kühe. Butter ist bei vielen meiner Saucen das Tüpfelchen auf dem i, doch ich beschränke mich stets auf kleine Mengen. Ich selbst koche nur mit ungesalzener Butter. Alle Saucen profitieren davon, und gerade für geklärte Butter ist die ungesalzene Variante ein Muß.

Im »Waterside Inn« habe ich mich nach vielen Blindversuchen für die Zubereitung meiner Beurre blanc und anderer Saucen für die französische Butter Echiré aus dem Département Deux-Sèvres entschieden, die aufgrund ihrer hohen Qualität zu den besten französischen Marken zählt.

Wenn gesalzene oder ungesalzene Butter geschmolzen wird, trennt sie sich in ihre Bestandteile: 15–20 % Wasser, 4 % Eiweiß, der Rest ist Milchfett.

CRÈME DOUBLE UND CRÈME FRAÎCHE: Diese dicke Sahne verträgt große Hitze außerordentlich gut. Häufig wird sie auch eingekocht und dient dann als Bindemittel. In erster Linie aber nimmt man sie zum Verfeinern von Saucen, die so eine cremige und samtige Konsistenz erhalten. Sie werden mit unterschiedlichem Fettgehalt angeboten.

SAURE SAHNE: Diese Sahne darf nicht über 80 °C erhitzt werden, weil sie sonst ausflockt. Als Zutat in einer heißen Sauce nimmt man die Sauce vom Herd, schlägt die Sahne unter, ohne die Sauce noch einmal aufkochen zu lassen. Die leicht säuerliche Sahne ist angenehm erfrischend und verfeinert viele kalte Saucen.

FRISCHKÄSE: Er ist ideal für kalorienarme Saucen und wird in verschiedenen Fettgehaltstufen angeboten. Es gibt sogar Sorten, die so gut wie kein Fett enthalten. Frischkäse ist eine perfekte Grundlage für frische Sommersaucen; sein neutraler Geschmack verlangt allerdings kräftige Aromazutaten wie Gewürze und Kräuter.

JOGHURT: In kleinen Mengen verwende ich Joghurt, um bestimmte Fischsaucen geschmacklich abzurunden, denn Joghurt verleiht ihnen ein feinsäuerliches Aroma. Außerdem ist er häufiger Bestandteil meiner kalorienarmen Sommer-Vinaigrettes und einiger Fruchtsaucen, denen er eine aparte Geschmacksnote gibt.

HARTKÄSE: Die wichtigsten und besten Vertreter der Hartkäse sind Parmesan, Gruyère, Emmentaler und Cheddar. Ich bevorzuge mittelalte Käse mit ausgeprägtem, feinwürzigem Aroma, die von kleineren Bauernhöfen kommen. Diese Hartkäse werden in der Regel frisch gerieben zum Verfeinern einer Sauce verwendet. Bis sie ihre ganze Aromafülle entfalten, vergehen einige Minuten. Den Käse also zuerst sparsam verwenden, dann erst kosten und gegebenenfalls nachwürzen.

Auf keinen Fall billigen, minderwertigen Käse verwenden. Er kann die Sauce ruinieren, indem er sie ranzig, seifig oder zu salzig schmecken läßt.

ROQUEFORT: Dieser edle Blauschimmelkäse ist die Krönung eines Salat-Dressings, einer kalten Sauce für Rohkost und auch einiger heißer Saucen. Sparsam verwendet, entfacht er in einer Sauce ein Feuerwerk köstlicher Aromen. Bleu d'Auvergne und Fourme d'Ambert sind ein annehmbarer Ersatz, reichen aber bei weitem nicht an das Original heran.

DIE RICHTIGE AUSSTATTUNG FÜR DIE ZUBEREITUNG VON SAUCEN

Alles, was man für eine perfekte Sauce braucht:

1. Stieltopf (Sauteuse) mit leicht konischer Form, Koch- und Saucentopf, Suppentopf
2. Koch- und Saucentöpfe mit gerader Form, Wasserbadtopf (Bain-marie)
3. Großer Löffel, Schöpfkelle, Schaumlöffel, feinmaschiges Küchensieb
4. Küchenwaage, Meßbecher, Thermometer
5. Mörser und Stößel
6. Küchensiebe aus feinmaschigem Draht und Spitzsiebe aus gelochtem Metall
7. Pürierstab, Mixer
8. Zesteur (Julienne-Reißer), Gemüsehobel
9. Schüsseln in verschiedenen Größen

Auf dieser Seite von links nach rechts:

Schneebesen
Gummiteigschaber (mit Stiel), Holzspatel, Holzlöffel
Sieb mit Holzstößel

Ohne einen Fond sind die großen klassischen Saucen überhaupt nicht denkbar, und auch in vielen anderen Saucenzubereitungen spielt der Fond eine wichtige Rolle. Gerade weil ihm diese Bedeutung zukommt, sollte er mit größter Sorgfalt hergestellt werden.

Fonds sind die Basis jeder guten Sauce. Ihre Qualität bestimmt ganz entscheidend das Gelingen Ihrer Sauce.

Fonds

DIE GOLDENEN REGELN FÜR DIE HERSTELLUNG EINES FONDS

★ Alle Zutaten – Fleisch- und Geflügelknochen, Sehnen, Knorpel, Gräten, Köpfe und Flossen von Fischen, Kräuter und Gewürze, Gemüse, Wein, Spirituosen usw. – müssen absolut frisch und von bester Qualität sein.

★ Genauso wichtig ist es, die Zutaten für den Fond nicht gleich zu Beginn mit zu viel Wasser aufzusetzen. Zu wenig Wasser ist besser als zu viel. Falls nötig, kann noch während des Kochens kaltes Wasser zugegossen werden.

★ Stets kaltes Wasser zugießen, weil der Fond durch heißes Wasser trüb werden würde, und er soll ja, wenn er fertig ist, kristallklar sein.

★ Längeres Kochen als in den Rezepten angegeben macht einen Fond nicht besser, ganz im Gegenteil: Lange Garzeiten schaden eher, der Fond wird schwerer und verliert an Geschmack. Die Garzeiten sollten deshalb genau eingehalten werden; lediglich Kalbsfond erfordert mehrstündiges Kochen.

★ Für ein intensiveres Aroma wird der Fond zweimal gekocht: Zuerst werden die Zutaten mit kaltem Wasser aufgesetzt und zum Kochen gebracht, anschließend läßt man den erkalteten Fond ein zweites Mal kochen.

Im Grunde sind Fonds noch nicht fertiggestellte Saucen, eine Saucenbasis, die anschließend sorgsam weiterverarbeitet werden muß. Ein Fond sollte sieden, aber nie richtig kochen. Er sollte außerdem regelmäßig abgeschäumt und entfettet werden, um alle Unreinheiten, Trüb- und Schwebstoffe zu entfernen. Zum Schluß wird er noch ganz vorsichtig durch ein feinmaschiges Sieb gegossen, damit er klar bleibt.

Kalbsfond

Fond de veau

Die kleingehackten Knochen in einen Bräter geben.

Die Knochen und das Gemüse anrösten.

Ein Kalbsfond ist die Grundlage fast aller dunklen Saucen und wird nicht selten auch als Basis für Fischsaucen verwendet. Wird der durchgeseihte Fond hinterher durch Einkochen noch um ein Drittel reduziert, erhält man eine Kalbs-demi-glace. Ein um die Hälfte eingekochter Kalbsfond wird als Kalbs-glace bezeichnet.

ERGIBT 1 L

Zubereitungszeit: 30 Minuten
Garzeit: etwa 3 Stunden

ZUTATEN:

1,5 kg Kalbsknochen, kleingehackt
$^1/_2$ Kalbsfuß, längs gespalten, kleingehackt und blanchiert
200 g Möhren, in Scheiben geschnitten
100 g Zwiebeln, grob gehackt
250 ml trockener Weißwein
1 Selleriestange, in dünne Scheiben geschnitten
6 Tomaten, geschält, entkernt und gehackt
150 g kleine Champignons, feinblättrig geschnitten
2 Knoblauchzehen, ungeschält
1 Bouquet garni (s. S. 10) mit 1 Zweig Estragon

Den Backofen auf 220 °C vorheizen. Kalbsknochen und -fuß in einem Bräter im Ofen anrösten; die einzelnen Stücke von Zeit zu Zeit wenden. Wenn alles gut gebräunt ist, die Möhren und die Zwiebeln untermischen und 5 Minuten mitbraten. Den Inhalt des Bräters mit einem Schaumlöffel herausheben und in einen großen Topf geben. Das Fett im Bräter abgießen und den Bratensatz mit etwas Weißwein ablöschen. Alle braunen Krusten von Boden und Rand des Bräters ablösen. Den Fond bei starker Hitze aufkochen lassen, die Flüssigkeit um die Hälfte reduzieren, dann mit dem restlichen Wein aufgießen. Anschließend 3 l kaltes Wasser zugießen und bei starker Hitze zum Kochen bringen. Sobald die Flüssigkeit kocht, die Temperatur so weit herunterschalten, daß die Flüssigkeit nur noch siedet. Den Fond 10 Minuten köcheln lassen, den Schaum abschöpfen und alle anderen Zutaten zugeben.

Den Fond im offenen Topf 2$^1/_2$ Stunden bei mittlerer Hitze köcheln lassen, zwischendurch hin und wieder abschäumen. Anschließend den Fond durch ein feinmaschiges Sieb in eine Schüssel abseihen und so schnell wie möglich abkühlen lassen (s. S. 22).

Gegenüberliegende Seite: Das Gemüse und die Würzmittel zugeben.

Kleines Bild: Den Fond durch ein Sieb abseihen und über einer Schüssel mit Eis erkalten lassen.

Den Bratensatz mit Wein ablöschen.

Den Schaum von der Oberfläche abschöpfen.

Geflügelfond

Fond de volaille

Bei der Zubereitung dieses Fonds lasse ich manchmal eine halbe Kalbshachse mitkochen. Der Fond wird dadurch besonders gehaltvoll und kräftig.

ERGIBT ETWA 1,5 L

Zubereitungszeit: 15 Minuten
Garzeit: etwa $1^3/_4$ Stunden

ZUTATEN:

1 Suppenhuhn (1,5 kg) oder die entsprechende Menge
Hühnerklein (Hals, Magen, Flügel, Karkassen), blanchiert
und mit kaltem Wasser abgeschreckt
200 g Möhren, in Stücke geschnitten
2 Porreestangen, nur die weißen Teile, in Stücke
geschnitten
1 Selleriestange, grob gehackt
1 Zwiebel, mit 2 Nelken gespickt
150 g kleine Champignons, feinblättrig geschnitten
1 Bouquet garni (s. S. 10)

Das Suppenhuhn oder das Hühnerklein in einen Topf geben und mit 2,5 l kaltem Wasser bei starker Hitze zum Kochen bringen, anschließend die Temperatur sofort herunterschalten, so daß die Flüssigkeit leise köchelt. Nach 5 Minuten den Schaum abschöpfen und die restlichen Zutaten zugeben. Im offenen Topf etwa $1^1/_2$ Stunden leise köcheln lassen, zwischendurch nach Bedarf abschäumen.

Den Fond durch ein feines Sieb abseihen und über einer Schüssel mit Eis so schnell wie möglich erkalten lassen (s. S. 22).

GEFLÜGELVELOUTÉ: Für die Zubereitung einer Geflügelvelouté auf einen Liter Geflügelfond 60 g Roux blanc (s. S. 33) zugeben und alles eine halbe Stunde kochen lassen.

Lammfond

Fond d'agneau

Diesen hellen Lammfond verwende ich gern zum Ablöschen von gegrilltem oder gebratenem Lammfleisch oder als Grundlage einer Sauce. In diesem Fall würze ich ihn mit Curry, Sternanis, Minze oder Safran, jeweils passend zum Gericht. Manchmal befeuchte ich mit diesem Fond auch ein Couscous.

ERGIBT 1 L

Zubereitungszeit: 30 Minuten
Garzeit: etwa $1^3/_4$ Stunden

ZUTATEN:

1,5 kg Hals, Brust oder Hinterhachse vom Lamm,
ohne Haut und Fett, grob zerkleinert
150 g Möhren, in Scheiben geschnitten
100 g Zwiebeln, grob gehackt
250 ml trockener Weißwein
4 Tomaten, gehäutet, entkernt und gehackt
2 Knoblauchzehen
1 Bouquet garni (s. S. 10) mit 2 Zweigen Estragon und
1 Stück Selleriestange
6 weiße Pfefferkörner, zerdrückt

Den Backofen auf 220 °C vorheizen. Die Lammstücke in einen Bräter legen und im heißen Backofen anrösten; die Fleischstücke zwischendurch wenden. Sobald das Lammfleisch gut gebräunt ist, die Möhren und die Zwiebeln zugeben und unter Rühren 5 Minuten mitbraten. Anschließend den Inhalt des Bräters mit einem Schaumlöffel in einen großen Topf oder eine Kasserolle geben. Das im Bräter zurückgebliebene Fett wegschütten, den Bratensatz mit dem Wein ablöschen und auf die Hälfte reduzieren. Die eingekochte Flüssigkeit in den Topf zu den anderen Zutaten gießen, mit 2,5 l kaltem Wasser aufgießen und bei starker Hitze aufkochen lassen. Die Temperatur herunterschalten und die Flüssigkeit 10 Minuten sanft köcheln lassen. Dann den Schaum abschöpfen und die restlichen Zutaten hinzufügen.

Bei milder Hitze offen $1^1/_2$ Stunden köcheln lassen, dabei den Schaum nach Bedarf abschöpfen. Den fertigen Fond durch ein feines Sieb in eine Schüssel gießen und über Eis rasch zum Erkalten bringen (s. S. 22).

Wildfond

Fond de gibier

Dieser Fond ist die perfekte Basis für Wildsaucen, die bei-spielsweise zu gebratenen Nüßchen von Reh oder Hirsch ge-reicht werden. Dafür wird einfach der Bratensatz mit etwas Portwein abgelöscht, ein Teelöffel Johannisbeergelee unter-gerührt und dann der Wildfond zugegossen. Ein Stück But-ter unterschlagen und die Wildsauce mit Salz und Pfeffer abschmecken. Schnell, einfach und köstlich zugleich.

ERGIBT 1,5 L

Zubereitungszeit: 30 Minuten
Garzeit: $2^1/_4$ Stunden

ZUTATEN:

3 EL Erdnußöl
2 kg Knochen und Abschnitte von Haar- oder Federwild,
kleingehackt
150 g Möhren, in Scheiben geschnitten
150 g Zwiebeln, grob zerteilt
$^1/_2$ Knoblauchknolle, quer durchgeschnitten
500 ml Rotwein (vorzugsweise Côtes du Rhône)
500 ml Kalbsfond (s. S. 16)
8 Wacholderbeeren, zerdrückt
8 Korianderkörner, zerdrückt
1 Bouquet garni (s. S. 10) mit 2 Salbeiblättern und
1 Stück Selleriestange

Den Backofen auf 220 °C vorheizen. Das Öl im Brä-ter erhitzen, die Wildknochen und -abschnitte hinein-legen und im heißen Backofen anrösten; zwi-schendurch mit einem Schaumlöffel wenden. Sobald die Wildabschnitte kräftig gebräunt sind, Möhren, Zwiebeln und Knoblauch untermischen und 5 Minu-ten mitbraten. Mit einem Schaumlöffel den Inhalt des Bräters in einen großen Topf oder eine Kasserolle ge-ben. Überschüssiges Fett aus dem Bräter abgießen und den Bratensatz mit dem Rotwein ablöschen. Bei star-ker Hitze die Flüssigkeit um die Hälfte reduzieren, anschließend in den Topf zu den anderen Zutaten gießen. Mit 2 l kaltem Wasser aufgießen und bei starker Hitze aufkochen lassen. Die Temperatur her-unterschalten und die Flüssigkeit bei schwacher Hitze

10 Minuten köcheln lassen, den Schaum abschöpfen und die restlichen Zutaten mit in den Topf geben.

Bei milder Hitze offen 2 Stunden köcheln lassen, gegebenenfalls zwischendurch abschäumen. Den Wildfond durch ein feines Sieb abseihen und so schnell wie möglich erkalten lassen (s. S. 22).

Falls ein intensiverer Geschmack gewünscht wird: den durchgeseihten Fond weiter einkochen, bis sich die Flüssigkeit um ein Drittel reduziert hat. Der Wild-fond kann wie alle anderen Fonds einige Tage im Kühlschrank aufbewahrt werden. Eingefroren hält er sich mehrere Monate.

Fischfond

Fumet de poisson

Ein Fischfond eignet sich sehr gut als Basis für ein Aspik, der zu kaltem Fisch gereicht wird.

ERGIBT 2 L

Zubereitungszeit: 20 Minuten
Garzeit: etwa 30 Minuten

ZUTATEN:

1,5 kg Fischgräten, -köpfe und -flossen von Seezunge,
Steinbutt, Merlan oder vergleichbaren Fischen mit
magerem, weißem Fleisch, in Stücke gehackt
50 g Butter
2 Porreestangen, nur den weißen Teil, in dünne Ringe
geschnitten
75 g Zwiebeln, in dünne Ringe geschnitten
75 g kleine Champignons, feinblättrig geschnitten
200 ml trockener Weißwein
1 Bouquet garni (s. S. 10)
2 Zitronenscheiben
8 weiße Pfefferkörner, zerdrückt und in Musselin
eingebunden (s. S. 11)

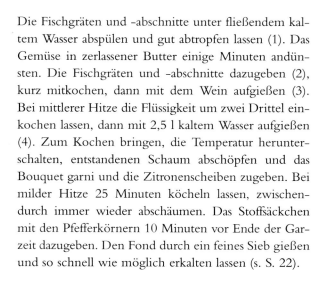

Den oben schwimmenden
Schaum mit einer Schaum-
kelle abschöpfen.

*Die in Musselin eingebundenen
Pfefferkörner zugeben.*

Die Fischgräten und -abschnitte unter fließendem kaltem Wasser abspülen und gut abtropfen lassen (1). Das Gemüse in zerlassener Butter einige Minuten andünsten. Die Fischgräten und -abschnitte dazugeben (2), kurz mitkochen, dann mit dem Wein aufgießen (3). Bei mittlerer Hitze die Flüssigkeit um zwei Drittel einkochen lassen, dann mit 2,5 l kaltem Wasser aufgießen (4). Zum Kochen bringen, die Temperatur herunterschalten, entstandenen Schaum abschöpfen und das Bouquet garni und die Zitronenscheiben zugeben. Bei milder Hitze 25 Minuten köcheln lassen, zwischendurch immer wieder abschäumen. Das Stoffsäckchen mit den Pfefferkörnern 10 Minuten vor Ende der Garzeit dazugeben. Den Fond durch ein feines Sieb gießen und so schnell wie möglich erkalten lassen (s. S. 22).

FISCHVELOUTÉ: Einen Liter Fischfond mit 60 g Roux blanc (s. S. 33) mischen und eine halbe Stunde köcheln lassen. So erhält man eine exzellente Fischvelouté.

Den Fond durch ein feinmaschiges Spitzsieb abseihen.

Gemüsefond

Court-bouillon de légumes ou nage

An einer Nage, einer aromatischen Gemüsebrühe, mag ich einen Hauch von Säure, deshalb auch der Essig in der Zutatenliste. Für einen Gemüsefond verzichte ich allerdings darauf. Die angegebene Gemüseauswahl läßt sich beliebig austauschen und erweitern.

ERGIBT 1,5 L

Zubereitungszeit: 15 Minuten
Garzeit: 45 Minuten

ZUTATEN:

300 g Möhren, in Scheiben geschnitten
2 Porreestangen, nur die weißen Teile,
in dünne Ringe geschnitten
100 g Selleriestangen, in dünne Scheiben geschnitten
50 g Fenchelknolle, in hauchdünne Scheiben geschnitten
150 g Schalotten, in dünne Ringe geschnitten
100 g Zwiebeln, in dünne Ringe geschnitten
2 Knoblauchzehen, ungeschält
1 Bouquet garni (s. S. 10)
250 ml trockener Weißwein
10 weiße Pfefferkörner, zerdrückt und in ein Stück
Musselin eingebunden (s. S. 11)
3 EL Weißweinessig (nur für eine Nage)

Alle Zutaten, bis auf die Pfefferkörner, in einen großen Topf geben und mit 2 l Wasser bei starker Hitze zum Kochen bringen. Dann bei reduzierter Hitze 45 Minuten sanft köcheln lassen, dabei den Schaum nach Bedarf abschöpfen. Die eingebundenen Pfefferkörner 10 Minuten vor Ende der Garzeit dazugeben. Den fertigen Fond durch ein feinmaschiges Sieb in eine Schüssel seihen und rasch erkalten lassen (s. unten).

KÜHLEN UND EINFRIEREN EINES FONDS

Um die Ausbreitung von Bakterien zu verhindern, gebe ich Eiswürfel in ein Gefäß und stelle die Schüssel mit dem kochendheißen Fond darauf, der auf diese Weise rasch abkühlt. Den kalten Fond fülle ich in gut schließende Behältnisse um, bewahre die benötigte Menge im Kühlschrank auf und friere den Rest ein. Alle Fonds halten sich einige Tage im Kühlschrank, tiefgefroren sind sie mehrere Monate haltbar.

Die Zutaten in den Topf geben.

Den oben schwimmenden Schaum abschöpfen.

Rechts: Den Fond abseihen und über einer mit Eiswürfeln gefüllten Schüssel erkalten lassen.

Gekochte Marinade

Marinade ordinaire cuite

Große Stücke Fleisch oder Wild kann man 1 bis 3 Tage in der erkalteten Marinade einlegen, kleinere Stücke sollten nur 1 oder 2 Stunden marinieren. Soll das marinierte Fleisch noch am gleichen Tag serviert werden, kann es auch in den noch warmen Sud gelegt werden. Zum Wenden der Stücke stets eine Fleischzange oder Gabel nehmen; das Fleisch auf gar keinen Fall mit den Fingern drehen, da die Marinade leicht verdirbt.

Kleine Mengen Marinade verstärken das Aroma einer Wildsauce.

Die hier angegebenen Mengen reichen, um ein großes Stück Fleisch einzulegen.

ERGIBT 1,5 L

Zubereitungszeit: etwa 10 Minuten
Garzeit: etwa 25 Minuten

ZUTATEN:

20 g Butter
2 Möhren, in Scheiben geschnitten
2 Zwiebeln, grob gehackt
1 Selleriestange, in dünne Scheiben geschnitten
1 l Rotwein (vorzugsweise Côtes du Rhône)
100 ml Rotweinessig
1 Bouquet garni (s. S. 10) mit 1 Zweig Rosmarin
$^{1}/_{2}$ Knoblauchknolle, quer durchgeschnitten
2 Gewürznelken
Einige zerdrückte Pfefferkörner

Die Butter in einem Topf zerlassen und das Gemüse einige Minuten darin anschwitzen. Die restlichen Zutaten mit 750 ml Wasser zugeben und bei starker Hitze zum Kochen bringen. Nach dem Aufkochen die Temperatur sofort herunterschalten und die Flüssigkeit 20 Minuten köcheln lassen, dabei nach Bedarf den Schaum abschöpfen.

Falls das eingelegte Fleisch nicht am gleichen Tag serviert werden soll, die Marinade vor Gebrauch völlig erkalten lassen.

KAPITEL 2

Auf welche Weise man eine Sauce bindet, ist eine Frage des persönlichen Geschmacks. Das ist wie bei einem Steak: Der Unterschied zwischen blutig und durchgebraten ist enorm.

In diesem Kapitel möchte ich Sie mit den verschiedenen Methoden der Saucenbindung und den jeweiligen Bindemitteln bekannt machen. Ich werde Ihnen erklären, wie sie zu verwenden sind und welche Methode am besten zu welchem Saucentyp paßt. Allerdings gibt es hierzu keine starren Regeln.

Die Bindung von Saucen
und schnell zubereitete Saucen

Dicke Saucen sind heute ganz bestimmt nicht mehr gefragt. Doch sollte man nicht von einem Extrem ins andere fallen. Was in der modernen Küche allzuoft als Sauce auf den Tisch kommt, würde ich eher als schlechtgewürzte Bouillon ansehen wollen. Diese besonders leichten Zubereitungen erinnern mich an die Zeit der Nouvelle Cuisine, als man ein Vergrößerungsglas brauchte, um auf einem riesigen Teller die winzige Kreation des Küchenchefs auszumachen. Eine Sauce ist kein Glas Wasser – ihre Konsistenz ist genauso wichtig wie ihr Geschmack. Entscheidend ist, einen gesunden Mittelweg zu finden.

Für die einfachsten Bindemittel ist eigentlich kein Rezept erforderlich: Man nimmt zum Beispiel ein wenig gebräunte Zwiebeln, die mit einer Gabel in der Sauce zerdrückt werden, und auch eine kleine angeröstete und geschmorte Möhre oder Kartoffel bindet sehr gut. Knoblauchzehen oder Schalotten, in der Schale auf einer Schicht grobem Salz gebacken, eignen sich wunderbar zum Andicken einer Bratensauce zu Lamm oder zu einem im Topf geschmorten Hühnchen.

In diesem Kapitel finden Sie außerdem einige Rezepte für Saucen, die ganz schnell zubereitet werden können und die praktisch ohne Kochen auskommen. Wenn Sie die Basismethoden beherrschen, können Sie in Anlehnung an die Grundrezepte interessante eigene Saucen kreieren.

Butter gibt einer Sauce Bindung und Glanz.

METHODEN DER SAUCENBINDUNG

Brotkrumen

Brotkrumen oder Semmelbrösel eignen sich vor allem zum Andicken deftiger, rustikaler Saucen. In der ländlichen Küche werden sie beispielsweise zum Binden der Brühe eines *Pot au feu* oder des Bratensaftes eines Bratens verwendet. Die damit hergestellten Saucen gehören zu meinen Lieblingssaucen, besonders, wenn ich in meinem Haus in Gassin, in Südfrankreich, koche.

FRISCHE BROTKRUMEN:
Das Brot wird mit den Fingern zerkrümelt, und die Brösel werden in die warme Sauce gegeben. Bei sehr milder Hitze läßt man die Sauce etwa 20 Minuten köcheln, dabei hin und wieder kräftig durchrühren. Sobald die gewünschte Konsistenz erreicht ist, die Sauce, so wie sie ist, auftragen oder vor dem Servieren durch ein feines Spitzsieb passieren.

GERÖSTETE BROTKRUMEN:
Sie werden mit den Fingern zerkrümelt und in einer Schüssel mit einem Schuß Olivenöl und nach Belieben mit einer kleinen Menge gemahlenen Mandeln gut vermischt. Die Mischung an die warme Sauce geben und bei milder Hitze aufkochen lassen, dann 5 bis 10 Minuten weiterköcheln lassen, bis die Sauce angedickt ist.

Eigelb

Mit Eigelb gebundene Saucen haben eine samtige Konsistenz und eine schöne gelbe Farbe. Sie erinnern mich immer an das cremig-weiße *Blanquette de veau*, ein Ragout aus Kalbfleisch, das ich als Kind bei meiner Mutter so gern aß.

In einer Schüssel wird das Eigelb mit wenig lauwarmer Flüssigkeit verrührt. Je nach Sauce können Milch, Wein, Geflügelfond oder andere Flüssigkeiten verwendet werden. Den Topf mit der zu bindenden Sauce vom Feuer nehmen und die Eigelbmischung unter die fast kochende Flüssigkeit rühren. Bei milder Hitze die Sauce unter ständigem Rühren mit einem Holzlöffel andicken lassen. Die Sauce hat die richtige Konsistenz, wenn sie am Löffel leicht haftet. Die Sauce darf nicht mehr kochen, weil das Eigelb sonst gerinnt und unschöne Flocken bildet. Die angedickte Sauce durch ein feines Spitzsieb gießen und in einem sauberen Saucentopf bis zum Servieren warm halten.

Maisstärke, Reis- oder Pfeilwurzelmehl

Diese Bindemittel sind praktisch in der Handhabung, erfordern kein besonderes Geschick und sind ideal, wenn man schnell und ohne großen Aufwand eine Sauce zubereiten möchte.

Das entsprechende Mehl mit wenig kalter Flüssigkeit – Wasser, Milch oder Wein – in einer Schüssel anrühren und in die kochendheiße Sauce gießen, die dann noch etwa 10 Minuten sanft köcheln muß. Die Sauce bindet sehr schnell.

Sahne

Mit Sahne gebundene Saucen werden oft zu Fisch und Geflügel, für Veloutés und diverse Suppen verwendet, die dadurch die samtweiche Konsistenz erhalten, die ich so liebe.

Vorzugsweise Crème double oder Crème fraîche verwenden, da diese beiden Sahnesorten durch ihren höheren Fettanteil am besten binden. Man benötigt etwa 10 bis 20 % Sahne je nach Saucenmenge. Die Sahne kurz aufkochen, dann unter die kochendheiße Sauce rühren.

Konsistenz, Geschmack und Eigenschaften von diesen gehaltvollen Sahnesorten variieren von Land zu Land. Hat die Sahne einen besonders hohen Fettgehalt, kann sie sofort in die Sauce eingerührt und weitergekocht werden, ohne daß sie gerinnt. Die französische Variante der dicken Sahne, Crème fraîche, ist mild gesäuert und flockt leichter aus, wenn sie zu lange gekocht wird.

Zum Verfeinern und Andicken einer Sauce die kalten Butterstückchen nacheinander unterziehen.

Butter

Die Zugabe von Butter verbessert eine Sauce gleich auf viererlei Art: Sie verfeinert sie, bindet sie und macht sie glatter und glänzender. Sobald eine mit Butter gebundene Sauce fertig ist, darf sie nicht mehr kochen und sollte unverzüglich serviert werden, weil die Butterbindung nur für ganz kurze Zeit steht. Damit die Sauce bindet, muß die Butter eiskalt sein. Den Topf mit der Sauce vom Herd nehmen und kleine, 5 bis 10 Gramm große Butterstückchen nacheinander mit einem Schneebesen unter die Sauce schlagen oder den Topf kräftig schwenken, so daß die Butter schmilzt und von der Sauce aufgenommen wird.

Blut

Blut wird vorwiegend zum Andicken von Saucen zu Wild, wie Reh, Hirsch und Wildschwein, oder für die Sauce zu *Canard au sang* verwendet. Außerdem kann man einer Sauce noch feingehackte oder durchpassierte Geflügelleber beigeben. Die Sauce, die ich im »Waterside Inn« zu Ente serviere, erhält ihre Bindung durch Blut, und in einem meiner Lieblingsgerichte, dem Hasenpfeffer, möchte ich auch nicht darauf verzichten.

Blut, das zum Kochen verwendet wird, stammt fast ausschließlich von Schweinen, Kaninchen oder Geflügel (meist Hähnchen). Damit es nicht gerinnt, vermischt man es gleich nach dem Kauf mit ein paar Tropfen Essig.

Auf 1 l Sauce rechnet man etwa 150 ml Blut, gegebenenfalls auch etwas mehr, falls die Sauce dickflüssiger sein soll.

Die kochendheiße Sauce, die gebunden werden soll, vom Herd nehmen und das Blut unter Rühren zugießen. Bei mittlerer Hitze behutsam wieder erhitzen, bis sie eindickt; währenddessen ständig mit einem Holzlöffel rühren. Sobald die ersten Bläschen aufsteigen, den Topf mit der Sauce sofort vom Herd nehmen und durch ein feines Spitzsieb in einen sauberen, vorgewärmten Topf seihen und möglichst bald servieren.

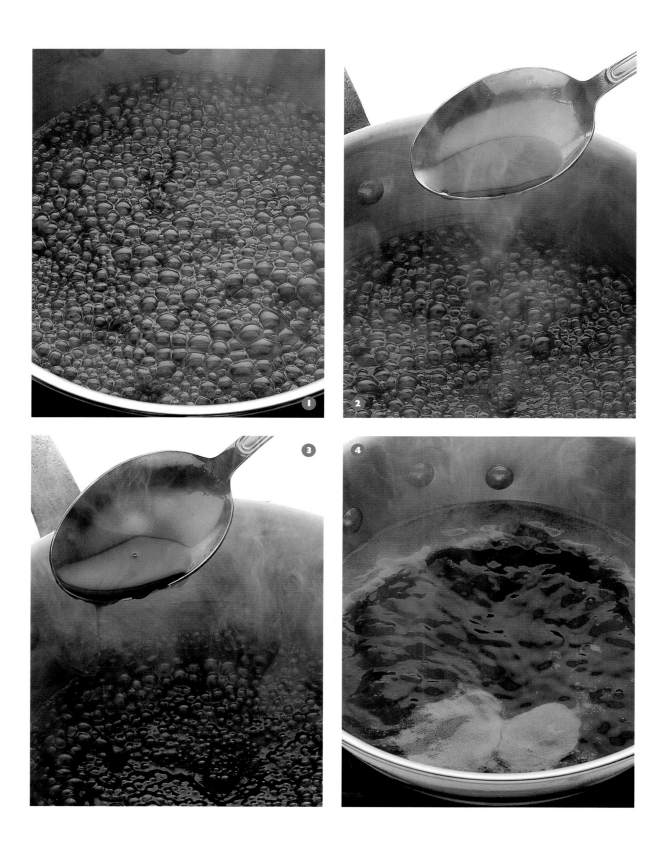

Reduktion

Ein Blick auf die Sauce sollte genügen, um festzustellen, ob die reduzierte Sauce die gewünschte Konsistenz erreicht hat. Als sehr hilfreich erweist sich auch ein Löffel oder ein Holzspatel, den man kurz in die Sauce taucht. Die anhaftende Sauce gibt Aufschluß über die Konsistenz.

Um eine Sauce zu reduzieren, läßt man sie bei starker Hitze bis zur gewünschten Konsistenz einkochen: dünnflüssig (1), leicht sirupartig (2), sirupartig (3) oder demi-glace (6), sehr dickflüssig und konzentriert. Beim Reduzieren steigen Unreinheiten, Trüb- und

Schwebstoffe an die Oberfläche (4), die von Zeit zu Zeit abgeschöpft werden müssen (5). Eine Sauce, die reduziert wird, immer erst würzen, wenn sie die gewünschte Konsistenz erreicht hat, denn durch das Einkochen konzentrieren sich auch die würzenden Bestandteile.

Mixen

Im Mixer aufgeschlagene Saucen sind leicht und locker und sollten unverzüglich serviert werden, weil sie schnell wieder zusammenfallen. Sie basieren oft auf einem Gemüse- oder Fischfond oder auf einer weißen Buttersauce (Beurre blanc).

Die fertige Sauce im Mixer oder mit dem Schneidstab eines Handmixers 2 bis 5 Minuten aufschlagen, je nachdem wie luftig und schaumig die Sauce sein soll.

Mehlbutter

Mehlbutter (Beurre manié) bindet Saucen in Sekundenschnelle. Stets nur kleine Mengen nehmen, sonst wird die Sauce zu dick. Für die Mehlbutter werden zwei Drittel weiche Butter und ein Drittel gesiebtes Weizenmehl mit den Fingern oder einer Gabel verknetet. Diese Mischung dann flöckchenweise bei starker Hitze unter die Sauce rühren. Die Sauce bindet sehr schnell. Einige Minuten kochen lassen und sobald die gewünschte Konsistenz erreicht ist, die Sauce durch ein feines Sieb passieren.

Geklärte Butter

Mit geklärter Butter kann man Fleisch bei hohen Temperaturen anbraten, ohne die Butter zu verbrennen. Sie wird auch für aufgeschlagene Saucen wie die Sauce hollandaise und ihre zahlreichen Variationen sowie für den Roux brun, die klassische braune Mehlschwitze, verwendet. Beim Klären verliert die Butter etwa 20 % ihres ursprünglichen Gewichts.

Um 100 g geklärte Butter zu erhalten, nimmt man 120 g ungesalzene Butter, läßt sie bei sehr milder Hitze schmelzen und dann behutsam aufkochen. Den Schaum von der Oberfläche abschöpfen und das Butterfett langsam in eine Schüssel gießen, so daß der milchige Bodensatz im Topf zurückbleibt. Die geklärte Butter sollte die Farbe von hellem Olivenöl haben.

Geklärte Butter hält sich im Kühlschrank mehrere Wochen.

Beim Aufschlagen mit dem Schneidstab eines Handmixers ein entsprechend großes Gefäß wählen, da die Sauce stark schäumt.

Den Schaum von der Butter abschöpfen.

Das flüssige Butterfett langsam in eine Schüssel gießen.

Roux blanc

Dieser weiße Roux, auch Mehlschwitze oder Einbrenne genannt, ist das klassische Bindemittel für weiße Saucen.

ERGIBT 100 G

Zubereitungszeit: 3 Minuten
Garzeit: 4 Minuten

ZUTATEN:

50 g Butter
50 g Mehl, gesiebt

Die Butter in einem schweren Topf zerlassen (1). Den Topf vom Herd nehmen, das Mehl hineinstreuen (2) und mit einem kleinen Schneebesen oder Holzlöffel unterrühren (3), dann bei mittlerer Hitze 3 Minuten unter kräftigem Rühren (4) anschwitzen. Die Mischung in eine Schüssel umfüllen und abgedeckt bis zur Weiterverwendung bei Zimmertemperatur aufbewahren. Im Kühlschrank hält sich die Mischung mehrere Tage.

Roux blond

Diese helle Einbrenne dient zum Andicken von Veloutés und Saucen, bei denen eine neutrale Farbe erwünscht ist.

ERGIBT 100 G

Zubereitungszeit: 3 Minuten
Garzeit: 6 Minuten

ZUTATEN:

50 g Butter
50 g Mehl, gesiebt

Die Butter in einem schweren Topf zerlassen. Den Topf vom Herd nehmen und das Mehl mit einem kleinen Schneebesen oder Holzspatel unterrühren. Die Mischung bei mittlerer Hitze 5 Minuten unter kräftigem Rühren anschwitzen, bis das Mehl etwas Farbe angenommen hat (5). Die Mehlschwitze in eine Schüssel füllen und abgedeckt bei Zimmertemperatur aufbewahren. Im Kühlschrank ist die Einbrenne tagelang haltbar.

Roux brun

Diese braune Mehlschwitze wird zum Binden vieler dunkler Saucen genommen. Die geklärte Butter verleiht der Sauce eine schöne kräftige Farbe, ohne daß sie bitter oder unangenehm schmeckt, wie es bei verbrannter Butter der Fall wäre.

ERGIBT 100 G

Zubereitungszeit: 3 Minuten
Garzeit: 9 Minuten

ZUTATEN:

50 g geklärte Butter (s. S. 31)
50 g Mehl, gesiebt

Die geklärte Butter in einem schweren Topf zerlassen (6). Den Topf vom Herd nehmen und das Mehl mit einem kleinen Schneebesen oder Holzspatel unterrühren. Bei mittlerer Hitze 8 Minuten unter ständigem Rühren anrösten, bis das Mehl dunkelbraun ist (7). Die Mehlschwitze in eine Schüssel füllen, mit Frischhaltefolie abdecken und bei Zimmertemperatur aufbewahren. Gut gekühlt ist die Mischung tagelang haltbar.

Frischkäsesauce mit Curry

Sauce au fromage blanc au parfum de curry

Diese Sauce ist ein idealer Begleiter zu einem Sommersalat aus grünen Bohnen, sie paßt auch sehr gut zu neuen Kartoffeln oder zu Rohkost und schmeckt ganz ausgezeichnet zu gekochten Muscheln, die kalt serviert werden.

Die Currymenge ist natürlich eine Frage des persönlichen Geschmacks. Sie kann nach Belieben verändert oder zum Beispiel auch durch 15 g frische Minze ersetzt werden. Dazu läßt man die Minzeblätter statt des Currypulvers in der Milch ziehen. Diese Variante schmeckt köstlich zu kalten Nudelgerichten, die zusätzlich mit gehackter Minze bestreut werden.

FÜR 6 PERSONEN

Zubereitungszeit: 3 Minuten
Garzeit: 2 Minuten

ZUTATEN:

100 ml Milch
1 EL Currypulver
300 g Frischkäse, Fettgehalt nach Geschmack
Salz und frisch gemahlener Pfeffer

Die Milch in einem kleinen Topf zum Kochen bringen, das Currypulver hineinstreuen und 2 Minuten leise köcheln lassen, dann bei Zimmertemperatur völlig erkalten lassen.

Die erkaltete Currymilch durch ein feinmaschiges Sieb in eine Schüssel abseihen und mit dem Frischkäse zu einer glatten Sauce verrühren. Mit Salz und Pfeffer abschmecken und servieren.

Joghurtsauce

Sauce au yoghourt

Diese erfrischende Sauce paßt vorzüglich zu kaltem Gemüse, kalten Nudelgerichten, Fisch und hartgekochten Eiern und ist darüber hinaus im Nu zubereitet.

FÜR 8 PERSONEN

Zubereitungszeit: 10 Minuten

ZUTATEN:

600 ml Naturjoghurt
100 g Mayonnaise (s. S. 109)
2 EL fein geschnittene frische Kräuter nach Wahl (zum Beispiel Kerbel, Petersilie, Schnittlauch, Estragon)
1 mittelgroße Fleischtomate, gehäutet, entkernt und gewürfelt
1 Prise Cayennepfeffer oder
4 Tropfen Tabasco
Salz

Alle Zutaten gut miteinander verrühren. Die Sauce ist fertig und kann gleich serviert werden.

Buttersauce mit Kräutern

Beurre battu aux herbes

Diese Sauce paßt sehr gut zu Gemüse. Im »Waterside Inn« wende ich gekochte Kartoffeln oder kleine Möhren in dieser Sauce. Das gibt ihnen Aroma und Glanz.

FÜR 6 PERSONEN

Zubereitungszeit: 3 Minuten
Garzeit: 5 Minuten

ZUTATEN:

125 ml kaltes Wasser
Je 1 Bund Estragon und glatte Petersilie, gehackt
200 g sehr kalte Butter, gewürfelt
Saft von $^1/_2$ Zitrone
Salz und frisch gemahlener Pfeffer

Das Wasser mit den Kräutern in einen Topf geben und zum Kochen bringen. Bei sehr milder Hitze die eisgekühlten Butterstückchen zugeben und unter ständigem Rühren unterschlagen. Zuletzt den Zitronensaft zugießen, die Sauce mit Salz und Pfeffer abschmecken und durch ein Sieb abseihen. Sofort servieren.

Grätensauce

Sauce à l'arête

Diese Sauce ist im Handumdrehen fertig, angenehm leicht und trotzdem sehr aromatisch. Sie paßt ausgezeichnet zu pochiertem Fisch oder zu gedämpften Jakobsmuscheln.

FÜR 4 PERSONEN

Zubereitungszeit: 10 Minuten
Garzeit: 10 Minuten

ZUTATEN:

150 g gekühlte Butter, gewürfelt
40 g Schalotten, gehackt
200 g Gräten von Seezunge, Steinbutt oder anderen
weißfleischigen Fischen, gehackt
100 ml trockener Weißwein
100 ml kaltes Wasser
1 Zweig Thymian
1 Spritzer Zitronensaft
Salz und frisch gemahlener Pfeffer

In einem kleinen Saucentopf 50 g Butter zerlassen. Die Schalotten und die Gräten zugeben und 3 Minuten unter Rühren mit einem Holzlöffel anschwitzen. Mit dem Wein aufgießen und 2 Minuten kochen lassen. Das Wasser und den Thymian zugeben und 3 Minuten bei kräftiger Hitze weiterkochen lassen, dabei eventuell entstandenen Schaum abschöpfen. Die restliche Butter stückchenweise unterarbeiten und den Zitronensaft zugießen. Die Sauce mit Salz und Pfeffer abschmecken, durch ein feinmaschiges Sieb passieren und sofort servieren.

Ziegenfrischkäsesauce mit Rosmarin

Sauce au fromage de chèvre frais et au romarin

Die ideale Sauce zu einer Rohkostplatte oder zu kalten Gerichten, zum Beispiel zu pochiertem Fisch, gebratenem oder pochiertem Huhn oder zu Riesengarnelen und Shrimps.

FÜR 6 PERSONEN

Zubereitungszeit: 3 Minuten

ZUTATEN:

250 ml Milch (falls der Frischkäse sehr weich ist,
genügen 150–200 ml)
30 g frischer Rosmarin
300 g Ziegenfrischkäse, durchgerührt
Salz und frisch gemahlener Pfeffer

Die Milch in einem kleinen Topf zum Kochen bringen. Den Rosmarin hineingeben, Deckel auflegen und den Topf vom Herd ziehen. Den Rosmarin in der Milch ziehen lassen, bis sie völlig erkaltet ist. Die kalte Milch abseihen, unter den Frischkäse rühren und mit Salz und Pfeffer abschmecken. Die Sauce kann sofort serviert werden.

KAPITEL 3

Eine Vinaigrette paßt zu den unterschiedlichsten Salaten, ob aus zarten Blättern oder knackigem Gemüse komponiert. Auch Vorspeisen wie eine Rohkostplatte oder feinste Gourmet-Salate mit hauchdünnen Scheiben von rohem oder geräuchertem Fisch, Meeresfrüchten, edlem Gemüse wie Spargelspitzen, Zuckererbsen und Pilzen werden damit zubereitet. Sie paßt sogar ausgezeichnet zu bestimmten Obstsorten wie Zitrusfrüchten, Äpfeln und Himbeeren.

Vinaigrettes, aromatisierte Öle und Essige

Der Sommer ist die richtige Jahreszeit für eine Vinaigrette: Sie macht Appetit, vor allem, wenn es draußen sehr heiß ist. Bei der Auswahl der Zutaten ist darauf zu achten, daß sie in Farbe und Beschaffenheit miteinander harmonieren. Es sollten auch nicht zu viele Zutaten verwendet werden, weil sonst das feine Aroma der Hauptzutat überdeckt wird oder gar verloren geht. Kreativität ist zwar gefordert, doch zügeln Sie Ihre Phantasie.

Eine Vinaigrette schmeckt besser, wenn sie frisch, das heißt kurz vor dem Servieren, zubereitet wird, weil durch längeres Stehen Aroma und Geschmack leiden. Sie finden in diesem Kapitel auch ein Rezept für einen Essig, der mit Früchten aromatisiert wird. Für einen Estragonessig braucht man kein Rezept, er ist ganz leicht zuzubereiten: Man gibt einfach ein paar Zweige Estragon in eine Flasche Weißweinessig. Nach einigen Wochen hat der Essig das Kräuteraroma angenommen.

Eine Vinaigrette verfeinert die verschiedensten Salate.

Die meistverwendeten ESSIGSORTEN sind Rotweinessig, Weißweinessig, Sherryessig, Balsamessig, Champagneressig, mit Früchten versetzter Essig wie Himbeer- oder Johannisbeeressig von schwarzen Johannisbeeren, Estragonessig, Apfelessig und Knoblauchessig auf der Basis von Weinessig.

Die wichtigsten ÖLE sind Olivenöl, Erdnußöl, Sonnenblumenöl, Maiskeimöl, Haselnußöl, Walnußöl, Sesamöl, Traubenkernöl und Distelöl. Besonders aromaintensive Öle, wie die aus Hasel- und Walnüssen, müssen mit einem geschmacksneutralen Öl verdünnt werden. Man rechnet ein Teil eines solchen Öls auf zwei Teile Erdnußöl. Die genannten Öl- und Essigsorten sind die Basis für eine Vinaigrette. Für eine andere Konsistenz können Sahne, Joghurt, Frischkäse, Senf und andere erfrischende Ingredienzen verwendet werden. Durch einen Löffel Hühner- oder Kalbsfond, Sauce américaine oder Gemüsepürée läßt sich eine klassische Vinaigrette beliebig abwandeln. Frisch geschnittene Kräuter oder ein Hauch von Gewürzen runden diese Salatsaucen optisch wie geschmacklich ab.

Roquefort-Vinaigrette

Vinaigrette au Roquefort

Dieses Dressing reiche ich im Winter zu bitteren Blattsalaten wie Löwenzahn, Frisée oder Eskariol. Es schmeckt auch gut zu bißfest gekochten Prinzeßbohnen, die noch warm kurz vor dem Servieren mit der Vinaigrette vermischt werden.

FÜR 6 PERSONEN

Zubereitungszeit: 5 Minuten

ZUTATEN:

3 EL Walnußöl
3 EL Distel- oder Sonnenblumenöl
2 EL Estragonessig
50 g Roquefort, mit einer Gabel zerdrückt
1 TL kleingeschnittene Estragonblätter
1 Spritzer Worcestershiresauce
Salz und frisch gemahlener Pfeffer

Alle Zutaten mit einem kleinen Schneebesen in einer Schüssel verrühren und kräftig weiterschlagen, bis die Sauce beginnt cremig zu werden.

Lavendel-Vinaigrette

Vinaigrette à la lavande

Diese Vinaigrette paßt gut zu feinblättrig geschnittenen Champignons oder Gurken, aber auch zu zarten Blattsalaten.

FÜR 6 PERSONEN

Zubereitungszeit: 5 Minuten

ZUTATEN:

Frische Lavendelblüten von einem nicht zu stark blühenden Zweig
4 EL Erdnußöl, 4 EL Olivenöl
3 EL Weißweinessig
$1^1/_2$ TL flüssiger Honig (vorzugsweise Lavendelhonig)
Blätter von einem Thymianzweig
Salz und frisch gemahlener Pfeffer

Alle Zutaten im Mixer 30 Sekunden cremig aufschlagen. Die Vinaigrette mit Salz und Pfeffer abschmecken.

Vinaigrette mit Crustacea-Öl

Vinaigrette à l'huile de crustacés

Ich serviere diese Vinaigrette zu einer kleinen Portion frisch gekochter Nudeln und gemischten Meeresfrüchten oder zu pochiertem Hummer.

FÜR 6 PERSONEN

Zubereitungszeit: 5 Minuten

ZUTATEN:

100 ml Crustacea-Öl (s. S. 47)
1 EL körniger Senf
Saft von 1 Zitrone
1 EL kleingeschnittene Estragonblätter
Salz und frisch gemahlener Pfeffer

Alle Zutaten in einer Schüssel gut verrühren und mit Salz und Pfeffer abschmecken.

Trüffel-Vinaigrette

Vinaigrette à la truffe

Eine Vinaigrette zu kleinen neuen Kartoffeln, Nudeln oder zarten blanchierten Lauchstangen, die warm serviert werden.

FÜR 6 PERSONEN

Zubereitungszeit: 5 Minuten

ZUTATEN:

6 EL Olivenöl, 2 EL Rotweinessig
60 g frische schwarze Trüffeln, fein gehackt
$^1/_2$ kleine Knoblauchzehe, sehr fein gehackt
1 Sardellenfilet, kalt abgespült und sehr fein gehackt
2 hartgekochte Eigelb, durch ein feines Sieb gestrichen
oder fein gehackt
Salz und frisch gemahlener Pfeffer

Alle Zutaten bis auf das Eigelb in einer Schüssel verrühren. Die Vinaigrette mit Salz und Pfeffer abschmecken und das Eigelb kurz vor dem Servieren unterziehen.

Basilikum-Vinaigrette

Vinaigrette au basilic

Diese Vinaigrette harmoniert gut mit frischen Nudeln, grünen Bohnen und Kartoffelsalat.

FÜR 6 PERSONEN

Zubereitungszeit: 5 Minuten

ZUTATEN:

6 EL Olivenöl, 2 EL Rotweinessig
15 g Basilikumblätter, kleingeschnitten
1 kleine Knoblauchzehe, fein gehackt
30 g Schalotten, fein gehackt
40 g Fruchtfleisch vollreifer Tomaten
Salz und frisch gemahlener Pfeffer

Alle Zutaten in einem Mixer cremig aufschlagen. Die Vinaigrette mit Salz und Pfeffer abschmecken.

Tee-Vinaigrette

Vinaigrette au thé

Dieses Dressing ist ideal für einen einfachen grünen Salat.

FÜR 6 PERSONEN

Zubereitungszeit: 5 Minuten
Garzeit: etwa 12 Minuten

ZUTATEN:

3 EL Weißweinessig, 2 TL Ceylonteeblätter
8 EL Sonnenblumenöl
1 EL kleingeschnittene Petersilie
Salz und frisch gemahlener Pfeffer

Den Essig in einem Topf zum Kochen bringen und die Teeblätter hineingeben. Den Topf vom Herd nehmen und den Tee zugedeckt 10 Minuten ziehen lassen, dann die Flüssigkeit durch ein feines Sieb gießen. Die restlichen Zutaten unterrühren und die Vinaigrette mit Salz und Pfeffer abschmecken.

Parmesan-Vinaigrette

Vinaigrette à la crème et au Parmesan

Ein Dressing zu rohem Chicorée oder zarten Spinatblättern, aber auch zu feinblättrig geschnittenen Champignons.

FÜR 6 PERSONEN

Zubereitungszeit: 5 Minuten

ZUTATEN:

1 TL englisches Senfpulver
2 EL Champagneressig
6 EL Crème double
30 g frisch geriebener Parmesan
1 EL kleingeschnittener Schnittlauch
Salz und frisch gemahlener Pfeffer

In einer Schüssel das Senfpulver mit dem Essig anrühren, die übrigen Zutaten untermischen und die Sauce mit Salz und Pfeffer abschmecken.

Knoblauch-Vinaigrette

Vinaigrette à l'ail

Gegarter Knoblauch schmeckt vorzüglich und ist gut verträglich. Diese feine aromatische Vinaigrette paßt hervorragend zu pikanten würzigen Salatmischungen. Wieviel Knoblauch verwendet wird, ist eine Frage des persönlichen Geschmacks.

FÜR 6 PERSONEN

Zubereitungszeit: 5 Minuten
Garzeit: etwa 10 Minuten

ZUTATEN:

Eine Handvoll grobes Salz
6 kleine Knoblauchzehen, ungeschält
2 EL Balsamessig
3 EL Erdnußöl
3 EL Walnußöl
1 EL kleingeschnittener Schnittlauch
Salz und frisch gemahlener Pfeffer

Den Backofen auf 180 °C vorheizen. Das grobe Salz in einem kleinen Bräter verteilen, die Knoblauchzehen darauflegen und 10 Minuten im Ofen backen. Für die Garprobe mit der Spitze eines Messers in die Mitte einer Knoblauchzehe stechen. Mit Hilfe einer Gabel die weichen Knoblauchzehen nacheinander aus der Schale drücken.

Die zerdrückten Knoblauchzehen in eine Schüssel geben und mit Essig, Salz und Pfeffer zu einer homogenen Masse verrühren, anschließend die beiden Ölsorten unterschlagen. Den Schnittlauch erst kurz vor dem Servieren unterrühren.

Thai-Vinaigrette mit Zitronengras

Thai vinaigrette à la citronelle

Diese erfrischende Vinaigrette ist die ideale Würze für knackige Salate wie Romana oder Batavia. Außerdem paßt sie gut zu Reisnudeln, die man 5 Minuten in kochendem Wasser ziehen läßt und anschließend kalt abschreckt. Mit einer Handvoll Garnelen und einigen Korianderblättern ist der Salat perfekt.

FÜR 10 PERSONEN

Zubereitungszeit: 5 Minuten und 2 Stunden zum Durchziehenlassen der Vinaigrette

ZUTATEN:

1 Stück Zitronengras (2 cm lang), fein gehackt
15 g Korianderblätter, fein geschnitten
10 g Schnittlauch, kleingeschnitten
2 EL thailändische Fischsauce *(nam pla)*
1 TL Sojasauce
200 ml Sonnenblumenöl
50 ml Reisweinessig
Frisch gemahlener schwarzer Pfeffer

Alle Zutaten in einer Schüssel verrühren und mit Pfeffer abschmecken. Die Vinaigrette mit Frischhaltefolie abdecken und bis zum Servieren 2 Stunden durchziehen lassen.

Ein Salat aus Reisnudeln, Garnelen und einer Thai-Vinaigrette mit frischem Koriander und Zitronengras.

Gurken-Vinaigrette

Vinaigrette de concombre

Diese Vinaigrette paßt gut zu gekochten grünen Bohnen oder feinblättrig geschnittenen Champignons.

FÜR 4 PERSONEN

Zubereitungszeit: 10 Minuten

ZUTATEN:

250 g Salatgurke
60 g Schalotten, fein gehackt
1 TL kleingeschnittener Schnittlauch
1 TL kleingeschnittener Estragon
1 TL kleingeschnittene Petersilie oder Kerbel
6 EL Olivenöl
2 EL Reisweinessig
Salz und frisch gemahlener Pfeffer

Die Salatgurke schälen, längs halbieren und mit einem Löffel aushöhlen. Die Gurkenhälften in möglichst feine Scheiben hobeln. Die Gurkenscheiben in eine Schüssel geben, die restlichen Zutaten untermischen und mit Salz und Pfeffer abschmecken. Die Sauce bis zur Weiterverwendung mit Frischhaltefolie abdecken.

Safran-Vinaigrette

Vinaigrette au safran

Diese Vinaigrette schmeckt besonders gut zu einem gemischten Salat aus zarten Blättern wie Feldsalat oder Eichblattsalat, garniert mit Jakobsmuscheln oder warmen, gegrillten Scampi. Der auf einer Platte angerichtete Salat kann nach Belieben mit frischen Korianderblättern garniert werden.

FÜR 6 PERSONEN

Zubereitungszeit: 5 Minuten

ZUTATEN:

3 EL Weißweinessig
1 große Prise Safranfäden
6 EL Erdnußöl
1 EL Sesamöl
1 TL Sojasauce
Salz und Cayennepfeffer

Den Essig in einem kleinen Topf erwärmen, die Safranfäden zugeben und bei ausgeschaltetem Herd im Essig ziehen lassen, bis er abgekühlt ist. Anschließend die übrigen Zutaten mit einem Schneebesen kräftig unterrühren. Die Vinaigrette mit Salz und Pfeffer abschmecken.

Zitrus-Vinaigrette

Vinaigrette aux agrumes

Diese Vinaigrette paßt zu allen Salaten, insbesondere zu Wintersalaten wie Eskariol, Chicorée, Frisée und Radicchio.

FÜR 6 PERSONEN

Zubereitungszeit: 5 Minuten
Garzeit: 2 Minuten

ZUTATEN:

Schale von 1 unbehandelten Orange, in feine Juliennestreifen geschnitten und blanchiert
Saft von der geschälten Orange
1 EL feinkörniger Zucker
1 TL Dijon-Senf
Schale von 1 unbehandelten Zitrone, in feine Juliennestreifen geschnitten und blanchiert
Saft von der geschälten Zitrone
6 EL Erdnußöl
1 EL feingehackte Petersilie
Salz und frisch gemahlener Pfeffer

Die feinen Schalenstreifen und den Saft der Orange mit dem Zucker in einen kleinen Topf geben und bei milder Hitze auf ein Drittel der Flüssigkeitsmenge einkochen lassen. Anschließend bei Zimmertemperatur aufbewahren.

In einer Schüssel Senf und Zitronensaft verrühren und mit Salz und Pfeffer abschmecken. Das Öl darunterschlagen, dann den reduzierten Orangensaft mit den Schalenstreifen zugeben. Kurz vor dem Servieren die Zitronenschale und die Petersilie unterrühren.

Vinaigrette Maman Roux

Die Vinaigrette meiner Mutter gehörte schon immer zu meinen Lieblingsrezepten. Kopfsalat und Eskariol schmecken ausgezeichnet zu dieser Salatsauce.

FÜR 6 PERSONEN

Zubereitungszeit: 5 Minuten

ZUTATEN:

1 EL frisch geriebener Meerrettich
Saft von 1 Zitrone, 1 EL Estragonessig
6 EL Crème double
40 g Schalotten, fein gehackt
1 EL kleingeschnittener Estragon
Salz und frisch gemahlener Pfeffer

Den Meerrettich mit Zitronensaft und Essig gut verrühren und mit Salz und Pfeffer abschmecken. Die Sahne unterrühren. Falls die Sauce zu dick wird, $1/2$ TL warmes Wasser zugeben. Kurz bevor der Salat mit dem Dressing vermischt wird, Schalotten und Estragon zugeben.

Warme Vinaigrette

Vinaigrette tiède

Eine ausgezeichnete Sauce für sättigende Salate. Die Saucengrundlage wird am besten immer auf die Salatzutaten abgestimmt, das heißt eine Sauce américaine zu Schaltieren und Fisch oder ein Kalbsfond zu Kaninchen und beispielsweise Hühnerleber.

FÜR 6 PERSONEN

Zubereitungszeit: 5 Minuten

ZUTATEN:

2 EL Kalbsfond (s. S. 16) oder Sauce américaine (s. S. 90)
5 EL Olivenöl, 3 EL Sherryessig
1 Zweig frischer Thymian, fein gehackt
Salz und frisch gemahlener Pfeffer

Den Kalbsfond oder die Sauce américaine auf 60–80 °C erhitzen, alle restlichen Zutaten kräftig mit einem Schneebesen unterrühren. Die Sauce noch lauwarm servieren.

Sardellen-Vinaigrette

Vinaigrette à l'anchois

Gebratene Fischfilets, aber auch junge Artischocken profitieren von dieser Sauce.

FÜR 6 PERSONEN

Zubereitungszeit: 5 Minuten
Garzeit: etwa 5 Minuten

ZUTATEN:

3 EL Olivenöl
1 Knoblauchzehe, fein gehackt
75 ml Gemüsefond (s. S. 22)
3 Sardellenfilets, fein gehackt
6 grüne Oliven, fein gehackt
2 EL Balsamessig
Salz und frisch gemahlener Pfeffer

Das Öl auf etwa 50 °C erhitzen, den Knoblauch zugeben und 30 Sekunden darin ziehen lassen. Mit dem Fond aufgießen und die Flüssigkeit erneut auf 50–60 °C erhitzen. Den Herd ausschalten und die restlichen Zutaten mit einem Schneebesen unterrühren. Die Vinaigrette mit Salz und Pfeffer abschmecken und lauwarm servieren.

Kalorienarme Vinaigrette

Vinaigrette diététique

Diese Salatsauce paßt zu den meisten Salaten.

FÜR 6 PERSONEN

Zubereitungszeit: 5 Minuten

ZUTATEN:

1 TL körniger Senf, Saft von 2 Zitronen
120 ml Tomatensaft, möglichst frisch zubereitet
2 EL Olivenöl, 25 g Zwiebeln, fein gehackt
1 EL kleingeschnittene Basilikumblätter
Salz und frisch gemahlener Pfeffer

Alle Zutaten bis auf das Basilikum unterrühren. Dieses erst kurz vor dem Servieren dazugeben.

Himbeeressig

Vinaigre de framboise

Das erlesene Aroma dieses selbstgemachten Essigs lohnt allemal den Aufwand, der mit seiner Herstellung verbunden ist. Die Himbeeren können auch durch Brombeeren oder schwarze Johannisbeeren ersetzt werden. Fruchtessig ist eine köstliche Salatgrundlage für moderne Gourmet-Salate mit Schaltieren, rohem Gemüse, Spargel, Artischocken und ähnlichen Zutaten. Auch zum Ablöschen des Bratenfonds von dunklem Fleisch, insbesondere von Wild, sind diese Essigsorten bestens geeignet. Sie geben der Sauce eine intensive und unvergleichliche Würze.

Falls die Früchte nicht übermäßig süß sind, kann die Zuckermenge um 10–15 % erhöht werden. Wieviel Essig letztendlich entsteht, ist abhängig vom Saftgehalt der Früchte (Schwankungen von bis zu 30 % sind möglich).

ERGIBT ETWA 1 L

Zubereitungszeit: 15 Minuten und 48 Stunden für die
Mazeration
Garzeit: 1 Stunde

ZUTATEN:

1,5 kg vollreife Himbeeren, Brombeeren oder schwarze
Johannisbeeren
1,25 l Weißweinessig
130 g Würfelzucker oder Kristallzucker
200 ml Cognac oder ein passender Obstbranntwein

Die Hälfte der Beeren in eine Glas- oder Porzellanschüssel geben, mit Essig aufgießen (1) und anschließend, abgedeckt mit einem Geschirrtuch oder einer Frischhaltefolie, 24 Stunden an einem kühlen Ort durchziehen lassen. Das ist die erste Mazeration.

Am nächsten Tag ein feinmaschiges Sieb über eine Schüssel halten und die mazerierten Beeren hineingeben (2). Mit einer Schöpfkelle die Beeren leicht zusammendrücken, damit sie möglichst viel Saft abgeben, dabei aber kein Fruchtmark durch das Sieb pressen (3). Kleine Mengen Fruchtmark können übrigens zum Verfeinern von Wildsaucen verwendet werden. Die andere Hälfte der Beeren zu dem durchgeseihten Saft geben und den oben beschriebenen Vorgang wiederholen.

Nach 24 Stunden ist die zweite Mazeration beendet. Der Saft der Beeren wird erneut durch ein feinmaschiges Sieb über einem Topf abgeseiht. Zucker und Alkohol zugeben (4) und stehenlassen, bis sich der Zucker aufgelöst hat. Den Topf über einen mit Wasser gefüllten größeren Topf stellen und das Wasser darin bei starker Hitze zum Kochen bringen. Die Hitzezufuhr reduzieren, so daß das Wasser nur noch siedet, und den Essig 1 Stunde sieden lassen, gegebenenfalls das Wasser im Wasserbadtopf auffüllen. Während des gesamten Kochvorgangs sollte der Essig konstant 90 °C heiß sein; er darf nicht kochen (deshalb wird das Wasserbad benötigt). Zwischendurch immer wieder den Schaum abschöpfen.

Den Essig in eine feuerfeste Glas- oder Porzellanschüssel gießen und erkalten lassen. Anschließend durch einen mit Musselin ausgelegten Trichter in eine Flasche abseihen und mit einem Korken verschließen. Der Essig ist jetzt gebrauchsfertig und hält sich im Kühlschrank mehrere Wochen.

Den Essig durch einen mit Musselin ausgelegten Trichter in eine Flasche abseihen.

Crustacea-Öl

Huile de crustacés

Dieses delikate Öl zählt zu meinen liebsten Ölen. Es ergibt ein vorzügliches Dressing für phantasievolle Salate aus Meeresfrüchten oder auch für warmen Spargel.

ERGIBT ETWA 1 L

Zubereitungszeit: 20 Minuten und 3 Stunden für das Trocknen der Krustentiere
Sterilisierzeit: 35–45 Minuten

ZUTATEN:

1 kg Scampi oder Flußkrebse, in Salzwasser gegart
$^{1}/_{2}$ Knoblauchknolle, ungeschält
1 Zweig frischer Thymian
2 Lorbeerblätter
1 kleines Bund Estragon
1 TL ganze weiße Pfefferkörner
$^{1}/_{2}$ TL ganze Korianderkörner
Etwa 1 l Erdnuß- oder Olivenöl
Salz

Den Backofen auf 120 °C vorheizen. Die Augen der Krustentiere entfernen und die Köpfe, Scheren und Schwänze abtrennen. Die Schwänze zum Garnieren für Fischgerichte zurücklegen oder für einen Salat verwenden. Die Köpfe und Scheren mit einem schweren Kochmesser grob zerkleinern, in einen Bräter geben und im Backofen in 3 Stunden mehr trocknen als garen lassen. Die getrockneten Köpfe und Scheren zusammen mit den Aromazutaten in ein ausreichend großes, absolut sauberes Einmachglas füllen, dieses bis 5 cm unter den Rand mit Öl aufgießen und fest verschließen.

Zum Sterilisieren benötigt man einen ausreichend großen Topf für das Einmachglas. Den Topfboden und die Ränder mit Alufolie auskleiden, damit das Glas nicht zerspringt, falls es gegen den Topfrand stößt. Das Einmachglas in den Topf stellen und diesen bis knapp unter den Rand des Glases mit Salzwasser (300 g Salz auf 1 l Wasser) füllen. Das Wasser bei starker Hitze zum Kochen bringen und 35 bis 45 Minuten – je nach Größe des Glases – köcheln lassen.

Nach dem Sterilisieren das Glas bei Zimmertemperatur im Wasser erkalten lassen und anschließend das Öl bis zum Gebrauch mindestens 1 Woche im Kühlschrank durchziehen lassen. Kühl aufbewahrt hält es sich ungeöffnet mehrere Monate. Nach dem Öffnen das Öl in eine saubere Flasche abgießen. Im Kühlschrank ist es dann noch wochenlang haltbar.

Crustacea-Öl schmeckt besonders gut zu warmem Spargel.

Oben: Die Köpfe und Scheren der Krustentiere abtrennen.

Links: Die grob zerteilten Köpfe und Scheren in einen Bräter legen.

Die getrockneten Köpfe und Scheren in ein sauberes Einmachglas füllen.

Das Glas bis 5 cm unter den Rand mit Öl aufgießen.

Das Glas 35–45 Minuten in Salzwasser sterilisieren.

Chiliöl

Huile au parfum de piment

Dieses parfümierte Öl gibt verschiedenen Gerichten oder einer Vinaigrette eine besonders würzige Note. Ein paar Tropfen davon auf einer ofenfrischen Pizza verstärken alle anderen Aromen.

ERGIBT 500 ML

Zubereitungszeit: 5 Minuten
Garzeit: etwa 5 Minuten

ZUTATEN:

500 ml Olivenöl
50 g milde rote Chilischoten, fein gehackt
1 Zweig frischer Thymian
1 Lorbeerblatt
1 Knoblauchzehe, ungeschält

Das Öl in einem Topf auf etwa 80 °C erhitzen. Die übrigen Zutaten dazugeben und den Deckel auflegen. Den Herd sofort ausschalten und das Öl abkühlen lassen. Das kalte Öl durch ein feinmaschiges Spitzsieb gießen, dann in eine Flasche umfüllen und diese verkorken.

Schnittlauchöl

Huile au parfum de ciboulette

Ein delikates Öl zum Beträufeln von gegrilltem Fisch, der anschließend mit Schnittlauchröllchen bestreut wird. Schon eine kleine Menge von diesem Öl verleiht einer Vinaigrette einen kräftigen Schnittlauchgeschmack. In Flaschen abgefüllt und verkorkt hält sich das Öl mehrere Tage.

ERGIBT 500 ML

Zubereitungszeit: 5 Minuten
Garzeit: etwa 5 Minuten

ZUTATEN:

500 ml Olivenöl
50 g Schnittlauch, kleingeschnitten

Das Öl in einem Topf auf etwa 80 °C erhitzen, die Schnittlauchröllchen dazugeben und den Topf abdecken. Die Herdplatte ausschalten und das Öl völlig erkalten lassen. Das kalte Öl im Mixer 30 Sekunden aufschlagen, anschließend durch ein feinmaschiges Sieb in eine Flasche gießen und die Flasche verkorken.

Bois-Boudran-Sauce

Sauce Bois Boudran

Diese exzellente Sauce zu gebratenem Huhn oder Küken kann auch zum Nappieren von Lachs oder Forelle blau verwendet werden. Ich schwärme für diese Sauce seit der Zeit, als ich für die Rothschilds gekocht habe.

FÜR 6 PERSONEN

Zubereitungszeit: 5 Minuten

ZUTATEN:

150 ml Erdnußöl
50 ml Weinessig
85 g Tomatenketchup
1 TL Worcestershiresauce
5 Tropfen Tabasco
100 g Schalotten, fein gehackt
2 TL Kerbel, fein geschnitten
2 TL Schnittlauch, fein geschnitten
20 g Estragon, fein geschnitten
Salz und frisch gemahlener Pfeffer

Öl, Essig, eine Prise Salz und Pfeffer in eine Schüssel geben und mit einem kleinen Schneebesen verrühren. Ketchup, Worcestershiresauce, Tabasco, die gehackten Schalotten und die kleingeschnittenen Kräuter nacheinander unterrühren. Die Sauce mit Salz und Pfeffer abschmecken und sofort unter den Salat mischen. Luftdicht verschlossen hält sie sich auch 3 Tage im Kühlschrank.

Pochierter Lachs mit Bois-Boudran-Sauce.

Pistou

Sauce au pistou

Pistou ist eine klassische französische Sauce, die so gut riecht, wie sie schmeckt. Verfeinern Sie damit südländische Suppen und gedämpften Fisch. Ihr intensiver, alles durchdringender Geschmack paßt auch gut zu Nudelgerichten aller Art.

FÜR 6 PERSONEN

Zubereitungszeit: 10 Minuten

ZUTATEN:

4 Knoblauchzehen, geschält, halbiert,
den grünen Keim entfernt
20 Basilikumblätter
100 g frisch geriebener Parmesan
150 ml Olivenöl
Salz und frisch gemahlener Pfeffer

Die Knoblauchzehen mit einer Prise Salz in einen kleinen Mörser geben und mit dem Stößel zerdrücken (1) oder im Mixer pürieren. Das Basilikum zugeben und zu einer glatten Masse zerreiben (2) oder pürieren. Den Parmesan unterrühren (3), dann nach und nach das Olivenöl unterarbeiten – ähnlich wie bei der Zubereitung einer Mayonnaise (4), bis eine glatte Sauce entsteht (5). Die Sauce mit Salz und Pfeffer abschmecken.

Den Pistou sofort servieren oder in eine Schüssel füllen und mit einer Frischhaltefolie abdecken. So hält sich die Sauce mehrere Tage im Kühlschrank.

PESTO: Durch die Zugabe von 30 g gegrillten oder gerösteten Pinienkernen erhält man einen Pesto, die italienische Variante dieser Sauce, die in ihrer Konsistenz fester und sämiger ist. Pesto, kurz vor dem Servieren unter einen Risotto gerührt, ist ein ganz besonderer Genuß. Daneben gibt es aber noch viele andere Verwendungsmöglichkeiten.

Pistou gehört in die traditionelle südfranzösische Gemüsesuppe.

Pikante Frischkäsesauce

Sauce piquante au fromage blanc

Diese Sauce schmeckt angenehm erfrischend zu einer kalten Gemüseterrine oder zu einer heißen Tarte mit Tomaten und Zucchini nach Pizza-Art.

FÜR 8 PERSONEN

Zubereitungszeit: 5 Minuten

ZUTATEN:

400 g Frischkäse, Fettgehalt nach Geschmack
2 Passionsfrüchte, Fruchtfleisch mit den Kernen ausgelöst
4 EL Himbeeressig, selbstgemacht (s. S. 44) oder gekauft
1 EL kleingeschnittene Zitronenverbene
¹/₂ EL eingelegte grüne Pfefferkörner,
gut abgetropft und gehackt
Salz und Cayennepfeffer

Alle Zutaten in eine Schüssel geben und mit einem Löffel gut miteinander verrühren. Die cremige Sauce mit Salz und reichlich Cayennepfeffer abschmecken.

Avocadosauce

Sauce à l'avocat

Reichen Sie diese Sauce zu rohem Gemüse wie Möhren, Blumenkohl, Gurke oder Radieschen. Sie paßt auch zu kalten Scampi oder gekochten, kalt servierten Miesmuscheln.

FÜR 8 PERSONEN

Zubereitungszeit: 5 Minuten

ZUTATEN:

1 reife Avocado, etwa 300 g, geschält und entsteint
300 g Naturjoghurt
3 TL Dill, kleingeschnitten
2 EL Zitronensaft
1 TL scharfer Dijon-Senf
1 Prise Currypulver
Salz und frisch gemahlener Pfeffer

Alle Zutaten 30 Sekunden im Mixer aufschlagen und anschließend mit Salz und Pfeffer abschmecken.

Ravigote

Sauce ravigote

Diese würzige Kräutersauce verfeinert Gerichte aus Hirn, Zunge, Füßen, Kopf und ähnlichem von Kalb oder Lamm. Ich reiche Sauce ravigote auch gern zu Pellkartoffeln, die die Gäste selbst schälen und dann in die Sauce dippen.

FÜR 6 PERSONEN

Zubereitungszeit: 5 Minuten

ZUTATEN:

6 EL Erdnuß- oder Sonnenblumenöl
2 EL Weißweinessig
1 EL kleine Kapern (große Kapern hacken)
1 EL Cornichons oder kleine eingelegte Gurken,
fein gewürfelt
4 EL Fines herbes (s. S. 10), kleingeschnitten
30 g Zwiebeln, fein gehackt
Salz und frisch gemahlener Pfeffer

Alle Zutaten in eine Schüssel geben und mit einem Löffel gut vermischen.

Tomaten-Oregano-Sauce mit Basilikumöl

Sauce à l'origan et aux tomates séchées à l'huile de basilic

Diese Tomatensauce enthält sonnengetrocknete Tomaten und ist ein idealer Begleiter zu gegrillten Kalbskoteletts und Tournedos, paßt aber auch sehr gut zu gegrilltem Thunfisch oder Seeteufel.

FÜR 8 PERSONEN

Zubereitungszeit: 10 Minuten

ZUTATEN:

160 g sonnengetrocknete Tomaten in Olivenöl
180 g vollreife Fleischtomaten
200 ml Geflügelfond (s. S. 18)
40 ml Balsamessig
1 EL frischer Oregano, fein gehackt
Salz und frisch gemahlener Pfeffer

FÜR DAS BASILIKUMÖL:

60 ml kaltgepreßtes Olivenöl
10 g frische Basilikumblätter
Salz und frisch gemahlener Pfeffer

Die getrockneten und die frischen Tomaten mit dem Geflügelfond und dem Balsamessig in einen Mixer geben und in 2 Minuten fein pürieren. Das Püree durch ein Spitzsieb in eine Schüssel passieren. Den gehackten Oregano unterrühren und mit Salz und Pfeffer abschmecken.

Für das Basilikumöl das Öl mit den Basilikumblättern in den Mixer geben, mit Salz und Pfeffer abschmecken und 2 Minuten aufschlagen. Das Öl ohne abzusieben in eine Schüssel gießen.

Die Tomatensauce entweder lauwarm oder kalt um das Fleisch oder den Fisch gießen und mit Basilikumöl beträufeln.

Jungfernsauce mit Basilikum

Sauce vierge au basilic

Diese Sauce reiche ich zu Hummer Cappelletti oder zu gedämpftem Filet von Meerbarbe oder Seebarsch. Sie schmeckt auch vorzüglich zu frischen Nudeln.

FÜR 6 PERSONEN

Zubereitungszeit: 5 Minuten

ZUTATEN:

200 ml Olivenöl
80 g Tomaten, gehäutet, entkernt und fein gewürfelt
Saft von 1 Zitrone
2 EL kleingeschnittenes Basilikum
1 EL kleingeschnittener Kerbel
1 Knoblauchzehe, fein gehackt
6 Korianderkörner, zerdrückt
Salz und frisch gemahlener Pfeffer

Alle Zutaten in eine Schüssel geben, mit einem Löffel gründlich verrühren und mit Salz und Pfeffer abschmecken. Die Sauce kurz vor dem Servieren auf etwa 30–40 °C erwärmen.

KAPITEL 4

Aromatisierte Butter schmeckt vorzüglich, ist leicht zuzubereiten und bereichert mit den unterschiedlichsten Farben den Teller, von zart bis kräftig getönt, je nach Zusammensetzung. Diese Buttermischungen können anstelle von Saucen (pro Person rechnet man 30 g) gereicht werden, oder sie dienen als Beilage zu Gemüse oder pochiertem, gebratenem oder gegrilltem Fisch oder auch Fleisch. Ich forme die Butter in Frischhaltefolie meist zu einer Rolle. Doch man kann die Butter auch mit einer Sterntülle zu Rosetten spritzen.

Aromatisierte Butter
und Gemüse-Coulis

Viele Buttermischungen nimmt man zum Bestreichen von Canapés. Dazu die nicht zu harte Butter auf kleine geröstete Brotscheiben streichen oder spritzen. Buttermischungen schmecken am besten, wenn man sie kurz vor dem Servieren zubereitet und dann ein paar Minuten im Kühlschrank fest werden läßt. Sie können aber auch 3 bis 4 Tage im Kühlschrank aufbewahrt oder für mehrere Monate eingefroren werden. Auf diese Weise hat man stets eine würzige Beilage zu einem Gericht, wenn die Zeit einmal drängt.

Meine Buttermischungen verwende ich dazu, eine Sauce anzureichern, zu verfeinern oder ihr eine besondere Note zu geben, mit dem Aroma von Gemüse, Kräutern oder Schaltieren, so wie es mir gerade in den Sinn kommt. In diesem Kapitel möchte ich Ihnen meine Lieblingsrezepte vorstellen, die Sie mit Senf, Oliven, Trüffeln, Tomaten und vielen anderen Zutaten beliebig abwandeln können. Lassen Sie Ihrer Phantasie freien Lauf.

Auch Gemüse-Coulis sind in der Küche sehr vielseitig zu verwenden und schmecken zudem ganz köstlich. Diese reduzierten Pürees gehören zu den Meistersaucen, sind leicht und locker und darüber hinaus schnell zubereitet. Einen Coulis serviert man am besten in einer Sauciere oder gießt ein wenig davon auf einen Teller und arrangiert den dazugehörigen Fisch oder das Fleisch obenauf.

Gemüsebutter

Beurre de légumes

Diese Buttermischung ist das ideale Bindemittel für eine Béchamelsauce (s. S. 128) oder Geflügel-Velouté (s. S. 132), und ihr feines Aroma und die schöne Farbe verleihen diesen Saucen eine besondere Note. Ein paar eisgekühlte Scheiben von dieser Buttermischung lassen Pellkartoffeln zu einer wahren Köstlichkeit werden.

ERGIBT ETWA 260 G

Zubereitungszeit: 10 Minuten

ZUTATEN:

150 g Gemüse nach Wahl, zum Beispiel Möhren,
Prinzeßbohnen oder Spargel
150 g weiche Butter

Das Gemüse schälen bzw. putzen und waschen und in leicht gesalzenem Wasser garen, bis es weich ist. Anschließend in kaltem Wasser abschrecken, abtropfen lassen und mit einem sauberen Tuch trockentupfen.

Das gekochte Gemüse mit der Butter im Mixer 3 Minuten fein pürieren. Zwischendurch immer wieder die Zutaten vom Rand des Mixbechers schaben und weiterpürieren, bis eine glatte Masse entstanden ist. Wer keinen Mixer oder keine Küchenmaschine besitzt, zerkleinert die Zutaten im Mörser.

Anschließend die gewürzte Butter durch ein feinmaschiges Sieb streichen, damit keine Fasern in der Buttermischung verbleiben. Mit Hilfe von Frischhaltefolie ein oder zwei Rollen aus der Butter formen und diese anschließend im Kühlschrank aufbewahren oder bis zur Weiterverwendung einfrieren.

Petersilienbutter

Beurre maître d'hôtel

Diese klassische Buttermischung, auch Haushofmeisterbutter genannt, wird immer wieder gern zu gegrilltem Fleisch oder Fisch serviert.

ERGIBT ETWA 175 G

Zubereitungszeit: 5 Minuten

ZUTATEN:

150 g weiche Butter
20 g Petersilie, gehackt
Saft von $^1/_2$ Zitrone
Salz
1 Prise Cayennepfeffer oder frisch gemahlener
schwarzer Pfeffer

Die Petersilie mit einem Holzlöffel unter die Butter rühren, dann den Zitronensaft untermischen. Mit Salz und Pfeffer abschmecken und mit Hilfe von Frischhaltefolie die gewürzte Butter zu ein oder zwei Rollen formen. Bis zur Weiterverwendung in den Kühlschrank stellen oder tiefgefrieren.

Meerrettichbutter

Beurre de raifort

Mit dieser köstlichen Buttermischung können Sie beispielsweise eine Albert-Sauce (s. S. 132) abrunden und eine Béchamelsauce (s. S. 128) raffiniert verändern. Oder Sie geben einfach eine Scheibe davon auf die Markknochen in einem Pot au feu. Meerrettichbutter paßt auch gut zu gegrilltem weißem Fleisch und Geflügel aller Art.

ERGIBT ETWA 200 G

Zubereitungszeit: 7 Minuten

ZUTATEN:

50 g frisch geriebener Meerrettich
150 g weiche Butter
Salz und frisch gemahlener Pfeffer

Den Meerrettich im Mörser fein zerreiben und nach und nach die Butter unterarbeiten. Die fertige Mischung durch ein feinmaschiges Sieb streichen und anschließend mit Salz und Pfeffer abschmecken. Die Butter in Folie zu einer Rolle formen und bis zur Verwendung kühl stellen oder einfrieren.

Scampibutter

Beurre de langoustines

Fischsaucen, die mit dieser Buttermischung angereichert werden, erhalten ein delikates Schaltieraroma.

ERGIBT ETWA 500 G

Zubereitungszeit: 15 Minuten
Garzeit: etwa 20 Minuten

ZUTATEN:

50 g Butter, vorzugsweise geklärt (s. S. 31)
1 kleine Möhre, fein gewürfelt
1 mittelgroße Zwiebel, fein gewürfelt
12 Flußkrebse oder Scampi
5 EL Cognac oder Armagnac
200 ml Weißwein
1 kleines Bouquet garni (s. S. 10)
2 Prisen Cayennepfeffer
Weiche Butter, ³/₄ vom Gewicht der gegarten
Krustentierköpfe und -scheren
Salz und frisch gemahlener Pfeffer

Die Butter in einer Pfanne zerlassen, die Möhre und die Zwiebel darin andünsten. Das Gemüse mit einem Schaumlöffel herausheben und beiseite stellen.

Scampi oder Flußkrebse in die Pfanne geben und bei starker Hitze kurz sautieren. Den Alkohol zugießen, anzünden und mit dem Weißwein ablöschen. Das gedünstete Gemüse, das Bouquet garni, Cayennepfeffer und eine Prise Salz zugeben und das Ganze bei schwacher Hitze 10 Minuten köcheln lassen. Den Pfanneninhalt in eine Schüssel umfüllen und bei Zimmertemperatur völlig erkalten lassen.

Anschließend Köpfe und Scheren der Krustentiere abtrennen. Die Schwänze als Vorspeise für einen Salat oder für Canapés zurückbehalten. Köpfe und Scheren mitsamt dem herausgelösten cremigen Fleisch auswiegen und mit ³/₄ des Gewichts an weicher Butter und dem gewürfelten Gemüse in einen Mixer oder eine Küchenmaschine geben und fein pürieren. Diese Masse durch ein feinmaschiges Sieb streichen und anschließend mit Salz und Pfeffer abschmecken. Die fertige Butter in Folie zu Rollen formen und bis zum Gebrauch im Kühlschrank aufbewahren oder einfrieren.

Pistazienbutter

Beurre de pistaches

Ich nehme diese Buttermischung für meine Sauternes-Sauce mit Pistazien (s. S. 102) oder runde damit eine Hollandaise (s. S. 116) ab.

ERGIBT ETWA 250 G

Zubereitungszeit: 7 Minuten

ZUTATEN:

100 g rohe geschälte Pistazien
150 g weiche Butter
Salz und frisch gemahlener Pfeffer

Die Pistazien mit einem Eßlöffel Wasser im Mörser oder Mixer zu einer feinen Paste verarbeiten. Die Butter auf einmal dazugeben, gründlich verrühren und mit Salz und Pfeffer abschmecken, anschließend durch ein feines Sieb streichen. Die fertige Buttermischung in Folie zu einer Rolle formen und bis zur Verwendung im Kühlschrank aufbewahren oder einfrieren.

Sardellenbutter

Beurre d'anchois

Eine feine Buttermischung zu gegrilltem Fisch oder zum Bestreichen von Canapés.

ERGIBT ETWA 180 G

Zubereitungszeit: 7 Minuten

ZUTATEN:

50 g Sardellenfilets in Öl
150 g weiche Butter
Salz und frisch gemahlener Pfeffer

Die Sardellenfilets hacken oder im Mörser zerkleinern. Mit einem Holzlöffel unter die Butter rühren und diese Mischung anschließend durch ein feinmaschiges Sieb streichen oder im Mixer fein pürieren. Mit Salz und Pfeffer abschmecken. Die fertige Butter in Folie zu einer Rolle formen und bis zur Verwendung im Kühlschrank aufbewahren oder einfrieren.

Ziegenkäsebutter

Beurre de fromage de chèvre

Eisgekühlte Scheiben dieser Buttermischung sind eine ausgezeichnete Beilage zu gegrilltem weißem Fleisch, wie Kalbsschnitzel oder Hähnchenflügel. Die Butter eignet sich auch wunderbar als Sauce für Nudelgerichte. Sie wird einfach kurz vor dem Servieren untergemischt. Zur Abrundung des Käsegeschmacks streut man kleingeschnittenes Basilikum oder glatte Petersilie darüber.

ERGIBT ETWA 300 G

Zubereitungszeit: 5 Minuten

ZUTATEN:

150 g frischer oder halbreifer Ziegenkäse
150 g weiche Butter

Den Ziegenkäse kleinschneiden, die Stückchen mit der Butter im Mörser zu einer glatten Masse verarbeiten oder im Mixer 3 Minuten kräftig durchschlagen. Nach jeder Minute die Masse vom Rand des Mixbechers schaben und in die Gefäßmitte geben. Weiterschlagen, bis eine homogene Masse entstanden ist. Diese Mischung durch ein feinmaschiges Sieb streichen, damit keine Käsekrümel in der Buttermischung zurückbleiben. Anschließend die Butter in Folie zu Rollen formen und bis zur Verwendung im Kühlschrank aufbewahren oder einfrieren.

Die Zutaten zu einer glatten Masse verarbeiten.

Die Masse durch ein feinmaschiges Sieb streichen.

Die fertige Buttermischung soll keine Käsestückchen mehr enthalten.

Rechts: Den Ziegenkäse mit de[r] Butter in einen Mörser geben.

Die Butter auf ein Stück Frisch[hefolie setzen.

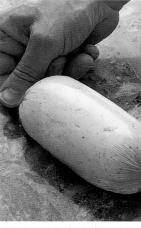

Die Butter in der Folie zu eine[r] Rolle formen.

Garnelenbutter

Beurre de crevettes

Ein Stück Garnelenbutter gibt in der Pfanne gebratenem oder gegrilltem Fisch eine besondere Note. Auch zum Anreichern einer Fischsauce oder zum Bestreichen von gerösteten Brotscheiben ist diese Buttermischung vorzüglich geeignet.

ERGIBT ETWA 220 G

Zubereitungszeit: 10 Minuten

ZUTATEN:

150 g frische Garnelen
150 g weiche Butter
Cayennepfeffer, nach Belieben

Die Garnelen unter kaltem Wasser abspülen, dabei darauf achten, daß eventuell anhaftende Eier nicht entfernt werden. Die Garnelen gut abtropfen lassen und mit einem sauberen Geschirrtuch trockentupfen.

Die Garnelen mit der Butter in einen Mixer geben. Mit einer Prise Cayennepfeffer würzen. Die Zutaten im Mixer in etwa 3 Minuten zu einer glatten Paste verarbeiten. Oder alle Zutaten im Mörser fein zerreiben. Die gewürzte Butter durch ein feinmaschiges Sieb streichen, um Schalenreste zu entfernen. Die Butter in Folie zu Rollen formen und bis zur Verwendung im Kühlschrank aufbewahren oder einfrieren.

links: Die Garnelen unter fließendem kaltem Wasser waschen.

Die Garnelen in einen Mixer geben.

Mit der Butter zu einer glatten Paste verarbeiten.

Die Garnelenbutter durch ein Sieb streichen.

Gebratener Fisch mit einer Scheibe Garnelenbutter.

Roquefortbutter

Beurre de roquefort

Diese Butter schmeckt köstlich auf frisch gerösteten Brotscheiben. Kleine Mengen davon an einer Fisch-Velouté geben mehr Fülle und Würze. Diese Buttermischung schmeckt hervorragend zu gekochten Miesmuscheln. Auch eine Sauce, die zu Geflügel gereicht wird, kann mit einem Löffel dieser Butter angereichert werden.

ERGIBT 250 G

Zubereitungszeit: 5 Minuten

ZUTATEN:

150 g weiche Butter
100 g Roquefort
Frisch gemahlener Pfeffer

Den Roquefort zerkrümeln und mit einem Holzlöffel unter die weiche Butter rühren. Die Buttermischung durch ein feinmaschiges Sieb streichen und mit Pfeffer würzen. Die fertige Butter in Folie zu einer Rolle formen und bis zum Gebrauch im Kühlschrank aufbewahren oder einfrieren.

Grillbutter

Beurre barbecue

Diese Buttermischung verstärkt den Geschmack von gegrilltem Fleisch aller Art. Die Fleischstücke werden kurz vor dem Servieren damit bestrichen.

ERGIBT ETWA 175 G

Zubereitungszeit: 7 Minuten

ZUTATEN:

150 g weiche Butter
1 EL Chilisauce
1 EL flüssiger Honig
1 EL Zitronensaft
10 g Minzeblätter, fein geschnitten
Salz und frisch gemahlener Pfeffer

Mit einem Holzlöffel die würzenden Zutaten nacheinander – zuletzt die Minze – unter die weiche Butter rühren und anschließend mit Salz und Pfeffer abschmecken.

Die Butter kann sofort serviert werden. Sie wird bei Zimmertemperatur aufbewahrt, damit sie streichfähig bleibt.

Kaviarbutter

Beurre de caviar

Diese exquisite Buttermischung serviert man als Beigabe zu gegrilltem Seezungenfilet oder Petersfisch. Ganz frisch zubereitet, schmeckt sie am besten, also möglichst noch am Tag der Zubereitung servieren, ohne daß sie vorher gekühlt oder eingefroren wurde.

ERGIBT ETWA 200 G

Zubereitungszeit: 5 Minuten

ZUTATEN:

60 g Kaviar, möglichst gepreßt
(ersatzweise feinkörniger Sevruga)
150 g weiche Butter
Salz und frisch gemahlener Pfeffer

Den Kaviar mit einem Holzlöffel sorgfältig unter die weiche Butter rühren, anschließend die Mischung mit einem Teigschaber durch ein feinmaschiges Sieb in eine kleine Schüssel streichen. Die Butter mit Salz und Pfeffer abschmecken und noch am selben Tag verbrauchen.

Krabbenbutter

Beurre de tourteau

Die Krabbenbutter als Aufstrich für Canapés verwenden oder damit Saucen anreichern, die zu Jakobsmuscheln und anderen Meeresfrüchten serviert werden, zum Beispiel eine Normannische Sauce (s. S. 104).

ERGIBT ETWA 300 G

Zubereitungszeit: 7 Minuten

ZUTATEN:

150 g gekochtes Krabbenfleisch, aus dem Panzer gelöst
150 g weiche Butter
1 EL Cognac
1 TL Harissa oder 5 Tropfen Tabasco
Saft von ½ Zitrone
Salz und frisch gemahlener Pfeffer

Das Krabbenfleisch mit der Butter im Mixer fein pürieren, anschließend die Mischung durch ein feinmaschiges Sieb streichen. Cognac, Harissa oder Tabasco und Zitronensaft unterrühren und die Butter mit Salz und Pfeffer abschmecken. In Folie zu Rollen formen und bis zur weiteren Verwendung kühl stellen oder einfrieren.

Paprikabutter

Beurre de paprika

Diese Buttermischung paßt ausgezeichnet zu gegrillten Schnitzeln von Kalb, Pute oder Hähnchen.

ERGIBT ETWA 180 G

Zubereitungszeit: 10 Minuten

ZUTATEN:

20 g Butter
30 g Zwiebeln, fein gehackt
150 g weiche Butter
3–5 g Paprikapulver, je nach Geschmack
Salz und frisch gemahlener Pfeffer

Die 20 g Butter in einem kleinen Topf zerlassen, die gehackten Zwiebeln zugeben und 2 Minuten im Fett andünsten. Vollständig abkühlen lassen und mit einem Holzlöffel unter die weiche Butter rühren. Das Paprikapulver unterrühren und die Butter mit Salz und Pfeffer abschmecken. Die gewürzte Butter durch ein feinmaschiges Sieb streichen oder im Mixer fein pürie-

ren. Die fertige Butter in Folie zu Rollen formen und bis zum Gebrauch kühl stellen oder einfrieren.

CURRYBUTTER: Zubereitung wie im obigen Rezept, jedoch die Menge der Zwiebeln und der Butter zum Andünsten verdoppeln und anstelle von Paprikapulver 7–10 g Currypulver zugeben. Das Currypulver nicht direkt an die zerlassene Butter geben, sondern die Zwiebeln erst 1 Minute darin andünsten. Currybutter wie Paprikabutter verwenden; sie paßt auch gut zu gegrillten Schweinekoteletts.

Foie-Gras-Butter

Beurre de foie gras

Diese cremige und elegante Butter schmeckt vorzüglich auf getoasteten Canapés. Mit ein paar Scheiben davon auf einem gegrillten Steak schmeckt das Fleisch noch einmal so gut. Vielen Saucen verleiht sie eine herrlich samtige Konsistenz, so auch der Allemande, der deutschen Sauce (s. S. 139), der Trüffelsauce (s. S. 144) und der Portweinsauce (s. S. 74).

ERGIBT ETWA 200 G

Zubereitungszeit: 5 Minuten

ZUTATEN:

100 g weiche Butter
100 g Stopfleber von Ente oder Gans,
als Terrine oder Ballotine
2 EL Armagnac oder Cognac
Salz und frisch gemahlener Pfeffer

Alle Zutaten mit einem Holzlöffel gründlich miteinander verrühren, anschließend mit Salz und Pfeffer abschmecken. Die Mischung durch ein feinmaschiges Sieb streichen oder kurz im Mixer pürieren. Die gewürzte Butter in Klarsichtfolie zu einer Rolle formen und bis zur Verwendung im Kühlschrank aufbewahren oder einfrieren.

Rote Paprikabutter

Beurre de poivron rouge

Wie die Sardellenbutter ist auch diese Paprikabutter hervorragend zum Bestreichen von getoasteten Canapés geeignet und die ideale Beilage zu pochiertem Fisch. Unter eine Hollandaise (s. S. 116), Béchamel- (s. S. 128) oder Teufelssauce (s. S. 152) gerührt, verstärkt sie Aroma und Farbe und gibt jeder Sauce einen besonderen Geschmack.

ERGIBT ETWA 200 G

Zubereitungszeit: 10 Minuten

ZUTATEN:

20 g Butter
60 g rote Paprikaschote, fein gewürfelt
1 Zweig frischer Thymian
150 g weiche Butter
Salz und frisch gemahlener schwarzer Pfeffer

Die 20 g Butter in einem kleinen Topf zerlassen und die Paprikawürfel und den Thymian 5 Minuten darin andünsten, dann bei Zimmertemperatur erkalten lassen. Die gegarten Paprikawürfel mit einem Holzlöffel unter die weiche Butter rühren, anschließend diese Mischung durch ein feinmaschiges Sieb streichen oder im Mixer fein pürieren. Die fertige Buttermischung in Folie zu einer Rolle formen und bis zum Gebrauch kühl stellen oder einfrieren.

Spargel-Coulis

Coulis d'asperges

Diese delikate Sauce ist fast so leicht wie eine Nage. Ganz zum Schluß gebe ich noch ein paar Spargelspitzen dazu und reiche den Coulis zu gedämpftem Fisch oder gieße ihn um meine Gemüse-Lasagne, die selbst bei Fleischessern besonders beliebt ist.

FÜR 8 PERSONEN

Zubereitungszeit: 10 Minuten
Garzeit: etwa 40 Minuten

ZUTATEN:

350 g Spargel, möglichst dünne Stangen
50 g Butter
80 g Schalotten, gehackt
1 Zweig frischer Thymian
300 ml Geflügelfond (s. S. 18) oder Wasser
500 ml Crème double
1 TL Sojasauce (nach Belieben)
Salz und frisch gemahlener Pfeffer

Die Spargelstangen schälen. Die Spargelspitzen abschneiden und in kochendem Salzwasser blanchieren. Anschließend kurz in Eiswasser abschrecken, abtropfen lassen und beiseite stellen. Die Stangen roh belassen und grob hacken.

Die Butter in einem schweren Topf zerlassen, die gehackten Spargelstangen und die Schalotten zugeben und 5 Minuten andünsten. Den Thymian mit dem Geflügelfond oder Wasser hinzufügen und das Ganze bei mittlerer Hitze 15 Minuten kochen. Die Sahne zugießen, die Temperatur heraufschalten und die Flüssigkeit um ein Drittel einkochen. Die Mischung 3 Minuten im Mixer pürieren und anschließend durch ein feines Spitzsieb streichen. Mit Salz und Pfeffer abschmecken, nach Belieben mit der Sojasauce würzen. Den fertigen Coulis warm halten und erst kurz vor dem Servieren die Spargelspitzen unterheben.

Eisgekühlter Gemüse-Coulis

Coulis de légumes glacés

Diese eisgekühlte Sauce paßt sehr gut zu kaltem pochiertem Fisch als Teil eines Buffets, sie schmeckt aber auch sehr erfrischend als sommerliche Vorspeise. Zuweilen reiche ich drei verschiedene Coulis (Möhren, Sellerie und Erbsen), appetitlich angerichtet auf einem kleinen Teller, von dem der Coulis dann gelöffelt werden kann.

FÜR 6 PERSONEN

Zubereitungszeit: 10 Minuten
Garzeit: 5–20 Minuten, je nach Gemüse

ZUTATEN:

360 g Möhren oder Sellerie, geschält und gewürfelt, oder
360 g Prinzeßbohnen oder 500 g ausgelöste Erbsen
500 ml Crème double
Salz und frisch gemahlener Pfeffer

Das jeweilige Gemüse in kochendem Salzwasser garen. Abtropfen lassen und mit 100 ml Sahne im Mixer sehr fein pürieren. Die Masse in eine Schüssel geben und erkalten lassen; zwischendurch hin und wieder durchrühren. Mit einem Schneebesen die restliche Sahne vorsichtig unterrühren. Mit Salz und Pfeffer abschmecken und bis zur Verwendung gut durchkühlen lassen.

Roher Tomaten-Coulis

Coulis de tomates crues

Diesen Coulis mag ich am liebsten zu kalten pochierten Eiern oder als Sauce zu kalten Nudeln. Dieses einfache und erfrischende Sommergericht ist außerdem in Minutenschnelle zubereitet.

FÜR 6 PERSONEN

Zubereitungszeit: 5 Minuten

ZUTATEN:

350 g vollreife Tomaten, im Mixer püriert, anschließend durchpassiert, so daß etwa 250 ml Saft und Fruchtfleisch anfallen
60 ml Sherryessig (vorzugsweise) oder Balsamessig
8 Korianderkörner, zerdrückt
12 Basilikumblätter, zerpflückt
1 TL Tomatenmark (nach Belieben)
100 ml Olivenöl
Salz und frisch gemahlener Pfeffer

Alle Zutaten bis auf das Basilikum in eine Schüssel geben und mit einem Schneebesen gründlich verrühren. Mit Salz und Pfeffer abschmecken, dann das Basilikum unterrühren. Der Coulis kann sofort serviert werden. Auf Vorrat zubereitet, hält er sich luftdicht verschlossen 3 Tage im Kühlschrank.

Gekochter Tomaten-Coulis

Coulis de tomates cuites

Diese vielseitig verwendbare Tomatensauce kommt in meiner Küche häufig auf den Tisch. Sie ist ein Genuß zu gegrilltem Fisch, und kleine Mengen davon verfeinern eine Fischsauce oder zum Beispiel eine Béchamelsauce (s. S. 128) für ein Nudelgratin.

FÜR 4 PERSONEN

Zubereitungszeit: 5 Minuten
Garzeit: etwa 1 Stunde

ZUTATEN:

150 ml Olivenöl
2 Knoblauchzehen, zerdrückt
60 g Schalotten, fein gehackt
1 kleines Bouquet garni (s. S. 10) mit reichlich Thymian
750 g vollreife Fleischtomaten, gehäutet, entkernt
und gehackt
1 EL Tomatenmark (nur für den Fall, daß die Tomaten
nicht reif genug sind)
1 Prise Zucker
6 Pfefferkörner, zerdrückt
Salz und frisch gemahlener Pfeffer

In einem schweren Topf das Olivenöl mit Knoblauch, Schalotten und Bouquet garni erwärmen. Nach 2 Minuten die Tomaten, gegebenenfalls auch das Tomatenmark, eine Prise Zucker und die zerdrückten Pfefferkörner zugeben und das Ganze etwa 1 Stunde bei sehr milder Hitze kochen, bis die Flüssigkeit verdunstet ist; von Zeit zu Zeit mit einem Holzlöffel umrühren, damit nichts ansetzt. Das Bouquet garni herausnehmen und den Inhalt des Topfes im Mixer fein pürieren. Mit Salz und Pfeffer abschmecken. Sauce, die nicht zur sofortigen Verwendung bestimmt ist, läßt sich problemlos im Kühlschrank aufbewahren. Luftdicht verschlossen, hält sie sich dort 5 Tage.

Wird die Sauce nach dem Erhitzen separat gereicht, gibt man kurz vor dem Servieren einen Schuß Olivenöl dazu.

TOMATEN HÄUTEN:
Die Tomaten auf der Oberseite kreuzweise einritzen, kurz (etwa 10–20 Sekunden) in kochendes Wasser tauchen, bis sich die eingeritzte Haut kräuselt, dann herausnehmen (1) und in Eiswasser abschrecken (2). Die Tomaten mit einem Drahtlöffel herausheben (3) und die Haut abziehen (4).

Die gehackten Tomaten zu den angedünsteten Schalotten geben.

Die Tomaten kochen, bis die ganze Flüssigkeit verkocht ist.

Den Topfinhalt ohne das Bouquet garni in einem Mixer fein pürieren.

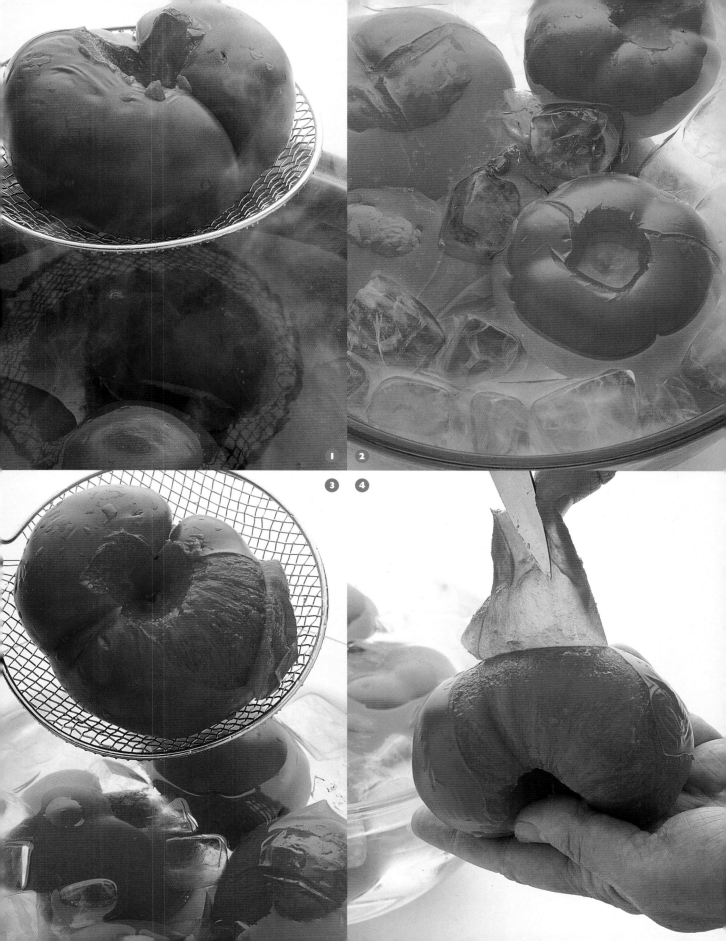

1 2

3 4

Leichter Möhren-Coulis

Coulis léger de carottes

Dieser Coulis hat fast die Konsistenz eines Jus und wird am besten mit einem Löffel serviert. Er paßt gut zu gebratenen Jakobsmuscheln und gegrillter Geflügelbrust, aber auch zu einem Pilaw. Ich serviere ihn gern zu einer pikanten Möhren-Tarte, die bei meinen vegetarischen Gästen immer gut ankommt. Mit Rücksicht auf sie lasse ich jedoch den Kalbsfond weg und gebe der Sauce mit etwas Mehlbutter (s. S. 31) die nötige Bindung.

FÜR 6 PERSONEN

Zubereitungszeit: 5 Minuten
Garzeit: etwa 10 Minuten

ZUTATEN:

3 Möhren (etwa 250 g)
Saft von 2 Orangen
200 ml Kalbsfond (s. S. 16)
3 g frisch geriebener Ingwer
60 g Butter, eisgekühlt und gewürfelt
Salz und frisch gemahlener Pfeffer

Die Möhren schälen, in kleine Stücke schneiden, dann mit dem Orangensaft und dem Kalbsfond in der Küchenmaschine fein pürieren. Die Masse in einen Topf geben und bei starker Hitze etwa 10 Minuten einkochen lassen, bis der Coulis leicht am Löffel haftet. Den Ingwer zugeben, den Topf von der Kochstelle nehmen und die Butter stückchenweise unterschlagen. Den Coulis mit Salz und Pfeffer abschmecken, durch ein Spitzsieb seihen und sofort servieren.

Chicorée-Champagner-Coulis

Coulis d'endives au champagne

Diese leichte und delikate Sauce serviere ich sehr gern zu pochiertem Geflügel, wie Stubenküken, Huhn oder Kapaun, oder auch vermengt mit Blumenkohlröschen. Der Blumenkohl muß dafür ganz weich sein, darf also ausnahmsweise keinen Biß mehr haben.

Im Spätherbst verfeinere ich die Sauce mit frischen Trüffeln. Das gibt ihr ein unvergleichliches Aroma. Probieren Sie es einmal aus. Sie werden überwältigt sein.

FÜR 4 PERSONEN

Zubereitungszeit: 20 Minuten
Garzeit: etwa 30 Minuten

ZUTATEN:

2 Chicorée (etwa 200 g)
60 g kleine Champignons
50 g Butter
Saft von ½ Zitrone
1 Prise feinkörniger Zucker
300 ml Champagner oder Schaumwein
200 ml Crème double
1 EL Trüffelfond oder 30 g Trüffeln, fein gehackt
(nach Belieben)
Salz und frisch gemahlener Pfeffer

Chicorée und Champignons feinblättrig schneiden. Die Butter in einer Pfanne zerlassen, den Chicorée, die Pilze und den Zitronensaft zugeben und bei schwacher Hitze unter gelegentlichem Rühren 5 Minuten garen. Mit einer Prise Zucker bestreuen und 2 Minuten weiterköcheln lassen, dann den Champagner zugießen, kurz aufkochen lassen und die Sahne zugeben. Den Coulis dann bei mittlerer Hitze um die Hälfte reduzieren, anschließend im Mixer 5 Minuten pürieren und die Masse durch ein Spitzsieb streichen. Mit Salz und Pfeffer abschmecken und nach Belieben mit Trüffelfond oder feingehackten Trüffeln verfeinern. Den Coulis warm halten und innerhalb von 10 Minuten nach dem Pürieren servieren.

Porree-Coulis mit Curry

Coulis de poireaux au curry

Festfleischiger Fisch – gegrillt oder gebraten – zum Beispiel Seeteufel oder Steinbutt, aber auch Scampi nach Müllerin-Art, angerichtet auf einem Bett aus dieser delikaten Sauce, sind ein echter Genuß.

FÜR 8 PERSONEN

Zubereitungszeit: 10 Minuten
Garzeit: etwa 40 Minuten

ZUTATEN:

500 g zarte kleine oder mittelgroße Porreestangen
40 g Butter
$^1/_2$ TL Currypulver
250 ml Geflügelfond (s. S. 18)
300 ml Crème double
1 TL Senfpulver
Salz und frisch gemahlener Pfeffer

Den grünen Teil der Porreestangen und die Wurzel-verdickung abschneiden. Die Stangen vom grünen Ende her einmal einschneiden, unter fließendem kaltem Wasser gründlich waschen und anschließend in feine Ringe schneiden. Den Porree in kochendem Salzwasser blanchieren, in Eiswasser abschrecken und gut abtropfen lassen.

Die Butter in einem schweren Topf zerlassen und den Porree 10 Minuten andünsten. Mit dem Currypulver bestreuen, dann den Geflügelfond an-gießen und bei mittlerer Hitze 10 Minuten kochen. Die Sahne und das Senfpulver zugeben und noch 10 Minuten köcheln lassen, dann alles im Mixer 5 Mi-nuten pürieren. Den Coulis durch ein Spitzsieb strei-chen, mit Salz und Pfeffer abschmecken und bis zum Servieren warm halten, aber nicht noch einmal auf-kochen lassen.

Morchel-Coulis

Coulis de morilles

Pilzliebhaber werden diese feine Sauce als Beilage zu gebra-tenen Kalbsmedaillons oder frischen Nudeln zu schätzen wissen. Dazu in die Nudelportion eine Vertiefung drücken und den Coulis einfach hineingießen. Die Morcheln kann man zur Not durch Champignons ersetzen, die geschmack-lich aber bei weitem nicht mit den edlen Speisepilzen kon-kurrieren können.

FÜR 8 PERSONEN

Zubereitungszeit: 10 Minuten
Garzeit: etwa 25 Minuten

ZUTATEN:

40 g Butter
40 g Schalotten, gehackt
250 g frische Morcheln, feinblättrig geschnitten, oder 75 g getrocknete Morcheln, 10 Minuten in kochendem Wasser eingeweicht, dann feinblättrig geschnitten
300 ml Geflügelfond (s. S. 18)
300 ml Crème double
60 g Enten- oder Gänsestopfleber, als Terrine oder aus der Dose
Salz und frisch gemahlener Pfeffer

Die Butter in einem schweren Topf zerlassen. Zunächst die Schalotten zugeben, dann die Morcheln. Alles 5 Minuten andünsten. Mit dem Geflügelfond aufgießen und bei mittlerer Hitze 5 Minuten kochen. Dann die Sahne zugeben und die Sauce weiterhin bei mittlerer Hitze um ein Drittel einkochen; von Zeit zu Zeit mit einem Holzlöffel umrühren, damit nichts an-setzt. Die Sauce in einen Mixer geben und 5 Minuten pürieren.

Den Coulis durch ein Spitzsieb zurück in den Topf gießen und bei schwacher Hitze die Geflügelleber nach und nach unterrühren. Den Coulis mit Salz und Pfeffer abschmecken und sofort servieren oder, falls er-forderlich, bei sehr milder Hitze einige Minuten warm halten.

Petersilien-Coulis

Coulis de persil

Diesen Coulis füllt man am besten in kleine Auflaufformen und setzt obenauf ein paar gebratene Schnecken. Er paßt auch zu gegrillten Kalbsschnitzeln, dann würze ich die Sauce mit etwas Curry statt Pfeffer.

FÜR 8 PERSONEN

Zubereitungszeit: 10 Minuten
Garzeit: 8–10 Minuten

ZUTATEN:

400 g krause oder glatte Petersilie ohne Stengel
300 ml Crème double
50 g Schalotten, in dünne Ringe geschnitten
100 ml kochende Milch
Salz und frisch gemahlener Pfeffer

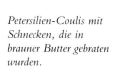

Die Petersilie unter fließendem kaltem Wasser waschen (1). Leicht gesalzenes Wasser zum Kochen bringen und die Petersilie hineingeben (2). Die Blätter 2 Minuten blanchieren, dann in Eiswasser abschrecken (3) und gut abtropfen lassen. Die Petersilie in ein Tuch wickeln (4) und überschüssiges Wasser ausdrücken (5).

Die Sahne mit den Schalotten zum Kochen bringen und um ein Drittel einkochen. Die Petersilie zugeben (6) und 2 Minuten unter Rühren köcheln lassen. Den Topf vom Herd nehmen und die kochende Milch unterrühren. Alles im Mixer fein pürieren, dann durch ein Sieb streichen (7). Den Coulis mit Salz und Pfeffer abschmecken und heiß servieren. Nach dem Passieren nicht mehr aufkochen lassen.

Petersilien-Coulis mit Schnecken, die in brauner Butter gebraten wurden.

KAPITEL 5

Alle Terrinen und Pasteten, ob von Schwein, Kalb, Geflügel oder Wild, schmecken noch einmal so gut, wenn sie von einer Sauce begleitet werden, vor allem wenn diese fruchtig und erfrischend sowie angenehm säuerlich ist. Diese Saucen helfen, den Eigengeschmack des Fleisches zu verstärken.

Saucen zu Terrinen, Pasteten und Wildgerichten

Meine Lieblingssauce ist die Cumberlandsauce, die auch im »Waterside Inn« oft verlangt wird und der ich nie überdrüssig werde. Selbst eine einfache Pastete aus Schweinefleisch wird durch sie zu einem ungeahnten Geschmackserlebnis. Zu Hause habe ich gern ein paar Gläser Birnen- oder Pfirsich-Chutney vorrätig, als Beilage zu kalten Bratenresten von Fasan oder Rebhuhn. Die meisten der hier vorgestellten Saucen sind leicht zuzubereiten und schmecken hervorragend zu allen Pasteten und Terrinen, ob hausgemacht oder fertig gekauft.

Warme Wildsaucen erfüllen die Küche bereits bei der Zubereitung mit himmlischen Düften, und außerdem machen sie den Geschmack von fettem Fleisch oder Wild mit einem leichten Hautgout angenehmer. Zu meinen Favoriten zählt die exzellente Pfeffersauce, deren vollmundiges Aroma zu fast allen Arten von Wildbret paßt. Die leuchtenden Herbstfarben und der fruchtige Geschmack der mit Feigen oder Portwein zubereiteten Saucen regen ganz sicher auch Ihren Appetit an. Und Sie werden feststellen, daß Bitterschokolade nicht ausschließlich Desserts vorbehalten ist, sondern auch pikante Saucen verfeinert.

Gebratenes Rebhuhn, begleitet von einer Portwein- und einer Apfelsauce.

Portweinsauce

Sauce au porto

Gebratene Fasanenbrust mit Portweinsauce gehört, zumindest bei den Wildgerichten, zu meinen Favoriten. Die leichte Sauce schmeckt auch vorzüglich zu gebratenen Hirschkoteletts oder geschmortem Rebhuhn. Am liebsten bereite ich diese Sauce mit schwarzen Johannisbeeren zu. Da deren Saison leider nur kurz ist, verwende ich manchmal auch Preiselbeeren. So erhält die fertige Sauce ein angenehm bitteres Aroma und einen erfrischenden Geschmack.

FÜR 4 PERSONEN

Zubereitungszeit: 10 Minuten
Garzeit: 30 Minuten

ZUTATEN:

60 g Butter
60 g Schalotten, in feine Ringe geschnitten
100 g kleine Champignons, feinblättrig geschnitten
50 g schwarze Johannisbeeren oder Preiselbeeren
250 ml roter Port, mindestens 10 Jahre alt
Getrocknete Schale von $^1/_2$ unbehandelten Orange
300 ml Kalbsfond (s. S. 16) oder Wildfond (s. S. 19)
Salz und frisch gemahlener Pfeffer

Die Hälfte der Butter in einem kleinen Topf zerlassen. Die Schalotten zugeben und andünsten, dann die Pilze und die Beeren zugeben und 3–4 Minuten köcheln lassen. Den Portwein zugießen, die Orangenschale zugeben und die Flüssigkeit um ein Drittel einkochen. Mit Kalbs- oder Wildfond aufgießen und 25 Minuten köcheln lassen. Dabei den Schaum, falls nötig, abschöpfen.

Die Sauce durch ein Spitzsieb seihen, die restliche Butter zur Sauce geben und den Topf kräftig schwenken, bis die Butter geschmolzen ist. Anschließend mit Salz und Pfeffer abschmecken (Abbildung S. 72).

Apfelsauce

Sauce aux pommes

Diese Apfelsauce ist eine delikate Beilage zum zarten Fleisch von jungem Wildschwein, zu Wildente, gebratenem Fasan oder Rebhuhn oder auch einfach zu Schweinebraten.

FÜR 6 PERSONEN

Zubereitungszeit: 5 Minuten
Garzeit: etwa 15 Minuten

ZUTATEN:

500 g Äpfel, vorzugsweise Cox Orange
150 ml Wasser
20 g feinkörniger Zucker
Saft von $^1/_2$ Zitrone
$^1/_2$ Zimtstange oder 1 Prise gemahlener Zimt
1 Prise Salz
30 g Butter

Die Äpfel schälen, entkernen und fein würfeln. Die Apfelstückchen mit den anderen Zutaten – außer Salz und Butter – in einen schweren Topf geben und bei mittlerer Hitze mit aufgelegtem Deckel etwa 15 Minuten kochen, bis die Äpfel weich sind, die Flüssigkeit aber noch nicht verkocht ist, dabei ungefähr alle 5 Minuten mit einem Holzlöffel umrühren. Den Topf vom Herd nehmen und die Butter und eine Prise Salz mit einem kleinen Schneebesen unterrühren, bis die Sauce die Konsistenz eines glatten Komposts hat. Die Beschaffenheit der Sauce variiert je nach dem Reifegrad der Äpfel. Eine zu dicke Sauce wird mit einem Eßlöffel Wasser verdünnt. Die Zimtstange vor dem Servieren entfernen (Abbildung S. 72).

Gurken in Essigsirup

Concombre mariné au vinaigre

Diese von mir heißgeliebte Gurkenzubereitung ist eine Kreation unseres Schützlings Mark Prescott, die er häufig in seinem Pub »The White Hart« in Nayland kredenzt. Die Gurken schmecken köstlich zu Fisch-Galantinen und -Terrinen oder zu Graved Lax.

ERGIBT 550 G

Zubereitungszeit: etwa 10 Minuten
Garzeit: etwa 1¹/₂ Stunden

ZUTATEN:

Für die eingelegten Gurken:
(2 Stunden im voraus zubereiten)
1 kg Salatgurken
150 g Zwiebeln
1 grüne Paprikaschote
1 rote Paprikaschote
1 rote Chilischote
Salz

FÜR DEN SIRUP:

500 ml Weißweinessig mit Estragon
300 g Demerara-Zucker
1 Prise gemahlene Nelken
1 TL Kurkuma
1 EL Senfkörner
1 TL Fenchelsamen

Die Gurken 2 Stunden im voraus marinieren. Dafür die ungeschälten Gurken längs halbieren, die Samen mit einem Löffel herausschaben und das Fruchtfleisch in sehr dünne Scheiben schneiden. Die Zwiebeln schälen und in feine Ringe schneiden. Die Paprikaschoten häuten, entkernen, die weißlichen Rippen herausschneiden und das Fruchtfleisch in hauchdünne Juliennestreifen schneiden. Das Gemüse in eine Schüssel aus Glas oder Porzellan geben, nach Geschmack salzen und 2 Stunden durchziehen lassen.

Für die Zubereitung des Sirups alle Zutaten in einen Topf geben und bei schwacher Hitze zum Kochen bringen. Die Flüssigkeit etwa 45 Minuten köcheln lassen, bis der Sirup so dickflüssig ist, daß er an einem eingetauchten Holzlöffel haftenbleibt und eine deutliche Spur zu sehen ist, wenn man mit dem Finger über den Löffel fährt.

Das gesalzene Gemüse gut abtropfen lassen, kräftig zusammendrücken, damit möglichst viel Flüssigkeit austritt. Anschließend das Gemüse zu dem Sirup geben. Das Ganze 45 Minuten sanft köcheln lassen, bis die Gemüsemischung eine marmeladenähnliche Konsistenz erreicht hat. Von Zeit zu Zeit mit einem Holzlöffel umrühren, damit nichts ansetzt. Die Gurkenmischung in ein sauberes Glas umfüllen und luftdicht verschlossen bis zur Verwendung kühl aufbewahren. Im Kühlschrank hält sie sich mehrere Wochen.

Pfeffersauce

Sauce poivrade

Grundlage dieser Sauce sollte die Marinade sein, in die das Wild eingelegt worden ist. Diese Sauce ist genau das Richtige für ein großes Bratenstück, wie zum Beispiel eine Rehkeule. Sie schmeckt auch gut zu kurzgebratenen Rehnüßchen. Weil die Sauce für dieses zarte Fleisch nicht zu dominant sein darf, nimmt man am besten nur die Hälfte der im Rezept angegebenen Marinade und kocht die Sauce nicht zu stark ein.

FÜR 6 PERSONEN

Zubereitungszeit: 20 Minuten
Garzeit: etwa 1 Stunde und 15 Minuten

ZUTATEN:

3 EL Öl
500 g Wildabschnitte (zum Beispiel von Reh, Hase, Wildschwein), kleingeschnitten
100 g Möhren und 80 g Zwiebeln, gehackt
30 ml Rotweinessig
200 ml gekochte Marinade (s. S. 23)
500 ml Kalbsfond (s. S. 16) oder Wildfond (s. S. 19)
1 Bouquet garni (s. S. 10)
6 Pfefferkörner, zerdrückt
40 g Butter, eisgekühlt und gewürfelt
Salz und frisch gemahlener Pfeffer

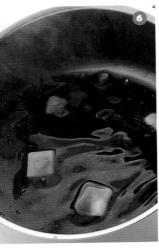

Das Öl in einer Pfanne erhitzen, die Wildabschnitte hineingeben (1) und bei starker Hitze bräunen (2). Das Öl und das ausgetretene Fett abgießen, die Möhren und die Zwiebeln zugeben und bei schwacher Hitze 3 Minuten andünsten (3). Den Essig und die Marinade zugießen und bei mittlerer Hitze 5 Minuten köcheln lassen. Mit dem Fond aufgießen, das Bouquet garni hineingeben und das Ganze 45 Minuten sanft köcheln lassen (5), anschließend die zerdrückten Pfefferkörner zugeben und weitere 10 Minuten köcheln.

Die Sauce durch ein Spitzsieb in einen kleinen Topf gießen (6). Den Topf vom Herd nehmen und die eisgekühlte Butter stückchenweise einschwenken (7). Die Sauce mit Salz und Pfeffer abschmecken und sofort servieren oder im Wasserbad warm halten, aber nicht mehr kochen lassen. In diesem Fall die Butterstückchen erst im letzten Moment zugeben.

SAUCE GRAND VENEUR (JÄGERMEISTERSAUCE): Bevor die Pfeffersauce durchgeseiht wird, 1 EL rotes Johannisbeergelee und 2 EL Crème double zufügen.

Cumberlandsauce

Sauce Cumberland

Diese pikante Sauce hebt auf wundersame Weise den Geschmack von Fleisch und Pasteten. Kalt reicht man sie zu Galantinen und Ballotinen, Schweinepasteten oder auch zu Geflügel oder Wild aller Art. Noch besser schmeckt die Sauce, wenn man sie einen Tag durchziehen läßt.

FÜR 4 PERSONEN

Zubereitungszeit: 10 Minuten
Garzeit: 20 Minuten

ZUTATEN:

1 mittelgroße Schalotte, fein gehackt
4 EL Weinessig, vorzugsweise Rotweinessig
12 weiße Pfefferkörner, zerdrückt
100 ml Kalbsfond (s. S. 16)
50 ml Port (Ruby)
2 EL rotes Johannisbeergelee
1 TL Worcestershiresauce
Saft von 1 Orange
Schale von 1 unbehandelten Zitrone, blanchiert und
in feine Juliennestreifen geschnitten
Salz

Schalotten mit Essig und Pfefferkörnern in einen kleinen Topf geben und die Flüssigkeit bei starker Hitze um zwei Drittel reduzieren. Kalbsfond, Portwein, Johannisbeergelee, Worcestershiresauce und Orangensaft zugeben und rasch zum Kochen bringen, dann bei schwacher Hitze 20 Minuten köcheln lassen. Nach Geschmack salzen.

Die Sauce durch ein feinmaschiges Sieb in eine Schüssel gießen, abkühlen lassen und anschließend im Kühlschrank gut durchkühlen lassen. Kurz vor dem Servieren die Zitronenschale unterrühren.

Essig mit Schalotten und Pfefferkörnern um zwei Drittel reduzieren.

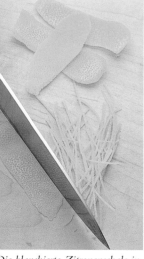

Die blanchierte Zitronenschale in hauchdünne Streifen schneiden.

Links: Die Sauce wird mit Portwein abgerundet.

Cumberlandsauce schmeckt ausgezeichnet zu allen Fleisch- und Wildpasteten.

Pomerol-Sauce

Sauce riche au vin de Pomerol

Diese gehaltvolle, kräftige Sauce mit ihrem pikanten, würzigen Aroma schmeckt ausgezeichnet zu einem gebratenen Hasenrücken oder zu einer gebeizten und anschließend gebratenen Wildschweinkeule. Die klassischen Beilagen zu diesen erlesenen Wildgerichten sind Spätzle, Maronen und geschmorter Sellerie.

FÜR 6 PERSONEN

Zubereitungszeit: 10 Minuten
Garzeit: etwa 25 Minuten

ZUTATEN:

300 ml Pomerol bester Qualität
Pfeffersauce (s. S. 76), ohne Zugabe von Butter
20 g Bitterschokolade (mind. 70 % Kakaoanteil),
geschmolzen
75 g Foie-Gras-Butter (s. S. 63)
Salz und frisch gemahlener Pfeffer

Den Rotwein in einen Topf gießen und um ein Drittel einkochen. Die Pfeffersauce zugeben und 15 Minuten sanft köcheln lassen, dann die geschmolzene Schokolade kräftig unterrühren. Die Sauce 30 Sekunden kräftig kochen lassen, dann den Topf vom Herd nehmen und die Foie-Gras-Butter nach und nach mit einem Schneebesen unterrühren. Die Sauce anschließend durch ein feinmaschiges Spitzsieb gießen, mit Salz und Pfeffer abschmecken und sofort servieren.

Kürbis-Sauce

Sauce au potiron et aux épices douces

Diese fruchtige Sauce, die so herrlich nach Gewürzen duftet, paßt gut zu Filets von Wildkaninchen, Nüßchen von jungem Wildschwein oder gebratener Wildentenbrust, dazu Kartoffelpüree mit einem Hauch von Knoblauch und Zuckererbsen, al dente gekocht.

FÜR 4 PERSONEN

Zubereitungszeit: 20 Minuten
Garzeit: etwa 1½ Stunden

ZUTATEN:

500 g Wildabschnitte oder kleingehackte Wildkarkassen
3 EL Öl
60 g Schalotten, fein gehackt
300 g Kürbisfleisch, fein gewürfelt
50 ml Himbeeressig, selbstgemacht (s. S. 44) oder gekauft
200 ml süßer Weißwein (Sauternes oder Barsac)
500 ml Gemüsefond (s. S. 22)
1 Bouquet garni (s. S. 10)
1 Vanilleschote, längs gespalten
3 ganze Sternanis
40 g Butter, eisgekühlt und gewürfelt
Salz und frisch gemahlener Pfeffer

Das Öl in einer Bratpfanne erhitzen, die Wildabschnitte oder Karkassen hineingeben und rundherum kräftig anbraten. Das Öl und das ausgetretene Fett abgießen, die Schalotten und die Kürbisstückchen in die Pfanne geben und bei schwacher Hitze 3 Minuten andünsten. Den Herd abstellen und den Himbeeressig zugießen. Nach 1 Minute mit dem Weißwein ablöschen und 5 Minuten köcheln lassen, dann den Gemüsefond, das Bouquet garni und die Gewürze zugeben und das Ganze bei sehr milder Hitze 45 Minuten köcheln lassen; falls nötig, zwischendurch abschäumen.

Die Sauce durch ein feinmaschiges Spitzsieb in einen sauberen Topf gießen und einkochen, bis sie so dickflüssig ist, daß sie an einem eingetauchten Holzlöffel haftenbleibt. Den Topf vom Herd nehmen und die eiskalte Butter stückchenweise unterschlagen. Die Sauce mit Salz und Pfeffer abschmecken und sofort servieren.

Feigensauce

Sauce aux figues arabica

Diese Sauce schmeckt sehr gut zu gebratener Wildente oder Taube. Als Garnitur eignen sich frische Feigen, pochiert in Rotwein. Wichtig ist, daß die Sauce nach der Zugabe von Kaffee nicht mehr kocht, sonst schmeckt sie etwas bitter.

FÜR 8 PERSONEN

Zubereitungszeit: 10 Minuten
Garzeit: etwa 40 Minuten

ZUTATEN:

6 vollreife frische Feigen, geschstelt
100 ml Port (Ruby)
400 ml Wildfond (s. S. 19)
6 schwarze Pfefferkörner, zerdrückt
1 EL Instantkaffee, in 1 EL Wasser aufgelöst
40 g Butter, eisgekühlt und gewürfelt
Salz und frisch gemahlener Pfeffer

Die Feigen mit dem Portwein in einen Topf geben und 5 Minuten sanft köcheln lassen. Mit dem Wildfond aufgießen, die zerdrückten Pfefferkörner zugeben und das Ganze 25 Minuten köcheln lassen; zwischendurch den Schaum abschöpfen. Den Kaffee zugeben und den Herd sofort ausstellen.

Die Sauce in einen Mixer geben und 30 Sekunden pürieren, dann durch ein feinmaschiges Sieb gießen und die Butter stückchenweise unterschlagen. Die Sauce mit Salz und Pfeffer abschmecken und sofort servieren.

Pfirsich-Chutney

Chutney aux pêches

Kochen Sie dieses Chutney im Sommer, wenn die saftigen Früchte am aromatischsten sind. Das köstliche Chutney ist die ideale Beigabe zu Terrinen und Pasteten, Bratenaufschnitt und insbesondere zu kaltem Hühnchen, wenn ein Picknick geplant ist.

ERGIBT ETWA 700 G

Zubereitungszeit: 25 Minuten
Garzeit: etwa 1 Stunde und 10 Minuten

ZUTATEN:

500 g Pfirsiche, gehäutet, entsteint und grob gewürfelt
60 g Kochäpfel, geschält und gerieben
$^1/_2$ TL Salz
125 g vollreife Tomaten, gehäutet, entkernt und gehackt
60 g Zwiebeln, fein gehackt
Schale von 1 unbehandelten Limette, fein gehackt
Saft von der geschälten Limette
150 g feinkörniger Zucker
$^1/_2$ TL gemahlener Zimt
$^1/_2$ TL gemahlene Muskatnuß
$^1/_2$ TL gemahlener weißer Pfeffer
1 Knoblauchzehe, zerdrückt
10 g frischer Ingwer, fein gehackt
150 ml Weißweinessig
70 g Mandelblättchen

Alle Zutaten bis auf die Pfirsiche in einen schweren Topf geben und bei schwacher Hitze zum Kochen bringen; zwischendurch gelegentlich mit einem Holzlöffel umrühren. Etwa 30 Minuten weiterköcheln lassen, dabei alle 10 Minuten einmal umrühren. Am Ende sollte die Mischung eine marmeladenähnliche Konsistenz haben. Zur Überprüfung mit dem Finger am Löffel entlangfahren; es sollte eine deutliche Spur zu sehen sein.

Die Pfirsichstückchen zugeben und weitere 40 Minuten köcheln lassen, dabei alle 10 Minuten kurz umrühren. Das fertige Chutney in ein Einmachglas von 0,75 l Fassungsvermögen füllen, erkalten lassen und fest verschließen. Bis zum Gebrauch im Kühlschrank aufbewahren. Gut gekühlt hält es sich mehrere Wochen.

Birnen-Chutney

Chutney aux poires

Die Zutaten für das Birnen-Chutney.

Dieses Chutney schmeckt noch besser, wenn es zuvor einige Tage durchziehen kann. Servieren Sie es zu Bratenaufschnitt, Terrinen, Pasteten und Wild, oder streichen Sie es einfach auf eine Scheibe geröstetes Brot.

ERGIBT ETWA 600 G

Zubereitungszeit: 30 Minuten
Garzeit: etwa 1 Stunde und 50 Minuten

ZUTATEN:

375 g Birnen, geschält, entkernt und in große Würfel geschnitten
60 g Kochäpfel, geschält und gerieben
$\frac{1}{2}$ TL Salz
125 g vollreife Tomaten, gehäutet, entkernt und gehackt
60 g Zwiebeln, fein gehackt
60 g Sultaninen
1 EL Orangenschale, grob gehackt
Saft von 1 Orange
150 g feinkörniger Zucker
$\frac{1}{2}$ TL gemahlener Zimt
$\frac{1}{2}$ TL gemahlene Muskatnuß
$\frac{1}{2}$ TL Cayennepfeffer
15 g frischer Ingwer, fein gehackt
150 ml Weißweinessig
1 Prise Safranpulver oder -fäden

Alle Zutaten bis auf die Birnen etwa 1 Stunde köcheln lassen.

Die Mischung sollte eine marmeladenähnliche Konsistenz haben.

Alle Zutaten bis auf die Birnen in einen Topf geben und bei sehr milder Hitze zum Kochen bringen. Etwa 1 Stunde leise köcheln lassen, dabei alle 10 Minuten kurz umrühren. Die Mischung sollte am Ende eine marmeladenähnliche Konsistenz haben. Die Fingerprobe machen: Mit einem Finger über einen zuvor in die Mischung getauchten Holzlöffel fahren; es sollte eine deutliche Spur sichtbar sein. Die Birnen zugeben und weitere 40 Minuten köcheln lassen, dabei alle 10 Minuten einmal umrühren. Das fertige Chutney in ein Einmachglas von 0,5 l Fassungsvermögen füllen, den Inhalt völlig erkalten lassen und anschließend das Glas fest verschließen. Bis zur Verwendung im Kühlschrank aufbewahren, wo sich das Chutney wochenlang hält.

Die gewürfelten Birnen in den Topf geben.

Das Chutney weitere 40 Minuten köcheln lassen, dabei alle 10 Minuten einmal umrühren.

Rechts: Das Chutney mit Hilfe eines Einfüllrings in das Einmachglas füllen.

Brombeer-Wildsauce

Sauce chevreuil aux mûres

Diese herrlich duftende Sauce, kräftig, aber nicht zu mächtig, schmeckt sehr gut zu einem gebratenen Rehrücken oder einer Rehkeule, insbesondere in den Herbst- und Wintermonaten.

FÜR 6 PERSONEN

Zubereitungszeit: 10 Minuten
Garzeit: etwa 40 Minuten

ZUTATEN:

150 g Brombeeren
30 g feinkörniger Zucker
2 EL Rotweinessig
600 ml Wildfond (s. S. 19)
Getrocknete Schale von $1/2$ unbehandelten Orange
$1/2$ Zimtstange
50 ml Banyuls
60 g Butter, eisgekühlt und gewürfelt
Salz und frisch gemahlener Pfeffer

Die Brombeeren mit dem Zucker in einen Topf geben und bei schwacher Hitze, unter Rühren mit einem Holzlöffel, kochen, bis die Beeren zerfallen sind. Den Herd ausschalten, den Essig unterrühren, dann mit dem Wildfond aufgießen. Orangenschale und Zimtstange hinzufügen, zum Kochen bringen und 25 Minuten sanft köcheln lassen, falls nötig, die Flüssigkeit zwischendurch abschäumen. Den Wein zugießen und 5 Minuten weiterkochen, dann die Sauce durch ein feinmaschiges Spitzsieb in einen sauberen Topf gießen. Die Butter stückchenweise unterschlagen, die Sauce mit Salz und Pfeffer abschmecken und sofort servieren.

Winzerinnensauce mit vier Gewürzen

Sauce vigneronne aux quatre épices

Fasan oder Rebhuhn, garniert mit gehäuteten und entkernten Weintrauben, wird mit dieser kräftigen Sauce zu einem köstlichen Hauptgericht. Wird ein ausgeprägter Wildgeschmack nicht gewünscht, ersetzt man den Wildfond durch Kalbsfond.

FÜR 6 PERSONEN

Zubereitungszeit: 15 Minuten
Garzeit: etwa 45 Minuten

ZUTATEN:

24 Weintrauben, gehäutet und entkernt
50 g feinkörniger Zucker
50 ml Armagnac oder Cognac
300 ml Rotwein, vorzugsweise Côtes du Rhône
500 ml Wildfond (s. S. 19)
3 g Gewürzmischung Quatre épices (schwarzer Pfeffer, Muskatnuß, Nelke und Ingwer)
1 kleines Bouquet garni (s. S. 10) mit 2 Salbeiblättern
50 g Butter, eisgekühlt und gewürfelt
Salz und frisch gemahlener Pfeffer

Die Weintrauben mit dem Zucker in einen Topf geben, bei mittlerer Hitze kochen, bis die Trauben zerfallen und leicht karamelisiert sind; zwischendurch hin und wieder mit einem Holzlöffel umrühren. Den Alkohol zugießen und anzünden, dann mit dem Wein aufgießen und die Flüssigkeit um etwa ein Drittel einkochen lassen.

Die restlichen Zutaten zugeben und etwa 30 Minuten köcheln lassen, bis die Sauce so dickflüssig ist, daß sie an einem eingetauchten Holzlöffel haftenbleibt. Falls nötig, die Sauce von Zeit zu Zeit abschäumen. Anschließend die Sauce durch ein feinmaschiges Sieb gießen, mit Salz und Pfeffer abschmecken und nach und nach die eisgekühlte Butter unterschlagen. Sofort servieren.

Schnelle Sauce für Federwild

Sauce minute pour gibier à plumes

Diese Sauce ist sofort zubereitet und trotzdem sehr gut: kräftig, aber nicht zu robust oder dominierend, erhält sie ihren charakteristischen Eigengeschmack von den nur kurz ausgekochten Karkassen.

FÜR 4 PERSONEN

Zubereitungszeit: 5 Minuten
Garzeit: etwa 30 Minuten

ZUTATEN:

2 Wildenten oder 2 Schnepfen oder 4 Ringeltauben
50 ml Cognac oder Armagnac
150 ml Rotwein
450 ml Gemüsefond (s. S. 22)
5 Wacholderbeeren, zerdrückt
1 Zweig Thymian
$^1/_2$ Lorbeerblatt
4 EL Crème double
Salz und frisch gemahlener Pfeffer

Das Federwild bis zum gewünschten Gargrad braten, dann die Schenkel und Brüste entfernen, in Folie wickeln und bis zum Servieren warm halten.

Die Karkassen grob zerteilen, in einen großen Topf geben und erhitzen, dann den Alkohol zugießen und anzünden. Mit dem Rotwein ablöschen und die Flüssigkeit bei starker Hitze um die Hälfte einkochen lassen. Den Gemüsefond, die Wacholderbeeren, den Thymian und das halbe Lorbeerblatt zugeben und die Flüssigkeit bei starker Hitze nochmals um die Hälfte reduzieren. Die Sahne zugeben und noch 3 Minuten sanft köcheln lassen.

Die Sauce durch ein feinmaschiges Spitzsieb gießen, mit Salz und Pfeffer abschmecken und sofort mit dem warm gehaltenen Geflügel servieren.

Preiselbeer-Heidelbeer-Sauce

Sauce aux airelles et myrtilles

Ich serviere diese Sauce gern zu Wildterrinen oder Pasteten im Teigmantel. Sie schmeckt auch sehr gut lauwarm zu gebratener Wildgans. Falls die Beeren zu sauer sind, gibt man nach der Hälfte der Garzeit etwa 30 g feinkörnigen Zucker dazu.

FÜR 8 PERSONEN

Zubereitungszeit: 5 Minuten
Garzeit: etwa 30 Minuten

ZUTATEN:

150 g Preiselbeeren
75 g feinkörniger Zucker
1 Gewürznelke, zerdrückt
150 g Heidelbeeren
200 ml kaltes Wasser
Saft von 1 Zitrone
Schale von 1 unbehandelten Zitrone, in feine
Juliennestreifen geschnitten und blanchiert

Die Preiselbeeren in einen Topf geben, 100 ml kaltes Wasser zugeben, dann den Zucker und die Nelke. Das Ganze bei schwacher Hitze 10 Minuten kochen. Die Heidelbeeren zugeben, die verbleibenden 100 ml kaltes Wasser und den Zitronensaft zugießen und 20 Minuten leise köcheln lassen. Die Sauce bei Zimmertemperatur aufbewahren; sie sollte nicht zu kalt serviert werden. Wer eine ganz glatte Sauce ohne Schalen bevorzugt, der muß sie vorher durch ein Sieb abseihen. Kurz vor dem Servieren die Zitronenschale unterrühren.

KAPITEL 6

Diese Saucen sollten immer delikat und leicht sein und mit den Fischen oder Meeresfrüchten, zu denen sie gereicht werden, geschmacklich und farblich harmonieren und keinesfalls deren Eigengeschmack überdecken. Das gilt vor allem für weißfleischigen Fisch.

Saucen zu Fisch und Meeresfrüchten

Fisch serviere ich am liebsten mit einer Nage, einer leichten gewürzten Brühe, die ich nur mit einem Hauch frischer Kräuter anreichere, zum Beispiel mit Kerbel, Basilikum oder Estragon. Ich bevorzuge knapp gegarten Fisch, das heißt, das Fleisch bleibt glasig und der Kern sollte noch fast roh sein. So bleibt der Fisch schön saftig. Die Sauce sollte sein feines Aroma und den frischen Meeresgeschmack unterstützen.

Saucen, die zu Krustentieren serviert werden, dürfen ruhig etwas kräftiger sein, angereichert mit geschmacksintensiven Kräutern und Gewürzen, die dem Gericht, zu dem sie serviert werden, mehr Ausdruck und Raffinesse geben. Die Basis für viele Saucen zu Fisch und Krustentieren ist oft ein trockener Weißwein, es gibt aber auch Abwandlungen mit Bier, Champagner, Wermut oder gar süßem Sauternes.

Meeresfrüchtesauce mit Safran zu Tagliatelle.

Meeresfrüchtesauce mit Safran

Sauce aux fruits de mer safranée

Eine wunderbare Sauce zu pochierten Meeresfrüchten aller Art, besonders zu Scampi oder Hummer, aber auch für frische Bandnudeln.

FÜR 4 PERSONEN

Zubereitungszeit: 10 Minuten
Garzeit: etwa 20 Minuten

ZUTATEN:

350 ml Garflüssigkeit von Muscheln, wie Miesmuscheln, Jakobsmuscheln, Austern, Venusmuscheln usw.
250 ml Fischfond (s. S. 21) oder Garflüssigkeit von Scampi
1 Prise Safranfäden
200 ml Crème double
Salz und frisch gemahlener weißer Pfeffer

Die Garflüssigkeit der Muscheln und den Fischfond in einen Topf geben, bei starker Hitze zum Kochen bringen und um zwei Drittel einkochen. Den Safran und die Sahne zugeben und 5 Minuten köcheln lassen, bis die Sauce sämig ist und an einem eingetauchten Löffel haften bleibt. Die fertige Sauce durch ein Spitzsieb seihen und mit Salz und Pfeffer abschmecken.

Soll die Sauce weniger Kalorien enthalten, kann die Sahne natürlich auch durch Frischkäse ersetzt werden, dann darf die Sauce aber keinesfalls mehr kochen. Sie wird nur bis höchstens 90 °C erhitzt und vor dem Servieren mit dem Schneebesen nochmals kräftig durchgerührt oder, besser noch, kurz im Mixer aufgeschlagen (Abbildung S. 86).

Rotweinsauce

Sauce lie de vin

Diese charaktervolle, kräftige Sauce wird am besten mit dem Weinrest zubereitet, der sich am Flaschenboden abgesetzt hat, dem sogenannten Bodensatz. Die Sauce paßt sehr gut zu Fisch mit rosafarbenem oder dunklerem Fleisch, wie Lachs, Meerbarbe oder Thunfisch-Escalopes. Dazu wird der Fisch in der Pfanne gebraten. Die Sauce verteilt man auf den Tellern und setzt den gebratenen Fisch obenauf.

FÜR 8 PERSONEN

Zubereitungszeit: 5 Minuten
Garzeit: etwa 40 Minuten

ZUTATEN:

300 ml körperreicher Rotwein, vorzugsweise Bordeaux
200 ml Kalbsfond (s. S. 16)
300 ml Fischfond (s. S. 21), zubereitet mit Rotwein
50 g Schalotten, in dünne Scheiben geschnitten
60 g kleine Champignons, feinblättrig geschnitten
1 kleines Bouquet garni (s. S. 10)
50 ml Crème double
200 g Butter, gewürfelt
Salz und frisch gemahlener Pfeffer

Alle Zutaten, bis auf die Sahne und die Butter, in einen Topf geben und die Flüssigkeit bei mittlerer Hitze etwas einkochen lassen; sie sollte am Ende eine sirupartige Konsistenz haben. Das Bouquet garni herausnehmen, die Sahne unterrühren und alles kurz aufwallen lassen, dann die Sauce durch ein Spitzsieb in einen sauberen Topf seihen. Die Butter stückchenweise unterschlagen, bis die Sauce bindet und glänzend ist. Mit Salz und Pfeffer abschmecken und sofort servieren.

Nantua-Sauce

Sauce Nantua

Eine exzellente Sauce zu Scampi, Jakobsmuscheln und allen Fischen mit festem weißem Fleisch, die noch raffinierter schmeckt, wenn man sie kurz vor dem Servieren mit einem Eßlöffel feingeschnittenem Estragon verfeinert.

FÜR 8 PERSONEN

Zubereitungszeit: 20 Minuten
Garzeit: etwa 50 Minuten

ZUTATEN:

120 g Butter
60 g Schalotten, in hauchdünne Ringe geschnitten
60 g kleine Champignons, feinblättrig geschnitten
16 Flußkrebs- oder Scampiköpfe, roh oder gegart,
grob zerkleinert
2 EL Cognac, 150 ml trockener Weißwein
300 ml Fischfond (s. S. 21)
1 kleines Bouquet garni (s. S. 10) mit 1 oder
2 Zweigen Estragon
80 g Tomaten, gehäutet und entkernt
1 Prise Cayennepfeffer
300 ml Crème double
Salz und frisch gemahlener Pfeffer

In einer Sauteuse 40 g Butter bei schwacher Hitze zerlassen. Die Schalotten und die Pilze darin 1 Minute andünsten. Die Flußkrebs- oder Scampiköpfe hinzufügen, die Hitzezufuhr erhöhen und alles 2 bis 3 Minuten unter ständigem Rühren kräftig anbraten.

Den Cognac zugießen und anzünden. Mit dem Wein ablöschen und die gesamte Flüssigkeit um die Hälfte reduzieren, dann den Fischfond zugießen. Alles zum Kochen bringen, die Temperatur herunterschalten, so daß die Sauce nur noch leise köchelt. Das Bouquet garni, Tomaten, Cayennepfeffer und etwas Salz zugeben und alles 30 Minuten köcheln lassen.

Die Sahne unterrühren und die Sauce weitere 10 Minuten köcheln lassen. Das Bouquet garni entfernen und den Topfinhalt im Mixer 2 Minuten pürieren. Die Sauce durch ein feinmaschiges Spitzsieb in einen sauberen Topf abseihen, wieder zum Kochen bringen und mit Salz und Pfeffer abschmecken. Den Topf vom Herd nehmen und die restliche Butter stückchenweise unterschlagen, bis die Sauce glatt und glänzend ist. Sie sollte sofort serviert werden.

Champagnersauce

Sauce Champagne

Diese Sauce paßt ausgezeichnet zu pochiertem weißfleischigem Fisch wie Petersfisch, Steinbutt oder Seezunge. Der Champagner kann natürlich durch einen trockenen Schaumwein ersetzt werden, doch schmeckt die Sauce dann längst nicht so gut.

FÜR 8 PERSONEN

Zubereitungszeit: 10 Minuten
Garzeit: etwa 50 Minuten

ZUTATEN:

50 g Butter
60 g Schalotten, in hauchdünne Ringe geschnitten
60 g kleine Champignons, feinblättrig geschnitten
400 ml Champagner brut
300 ml Fischfond (s. S. 21)
500 ml Crème double
Salz und frisch gemahlener weißer Pfeffer

In einem Topf 20 g Butter zerlassen. Die Schalotten darin 1 Minute andünsten, ohne daß sie bräunen. Die Pilze zugeben und 2 Minuten unter ständigem Rühren mit einem Holzlöffel dünsten. Mit dem Champagner aufgießen und die gesamte Flüssigkeit bei mittlerer Hitze um ein Drittel einkochen. Den Fischfond zugießen und die Flüssigkeit zur Hälfte einkochen lassen.

Die Sahne zugeben und die Sauce so stark einkochen, daß sie an einem eingetauchten Holzlöffel haftenbleibt. Die Sauce durch ein feinmaschiges Spitzsieb in einen sauberen Topf abseihen. Die restliche Butter stückchenweise unterschlagen, dann die Sauce mit Salz und Pfeffer abschmecken.

Schaumiger wird die Sauce, wenn man sie vor dem Servieren im Mixer 1 Minute aufschlägt.

Amerikanische Sauce

Sauce américaine

Ein Star unter den großen klassischen Saucen. Die Zubereitung braucht etwas Zeit, aber der Aufwand lohnt sich.

FÜR 6 PERSONEN

Zubereitungszeit: 40 Minuten
Garzeit: etwa 1 Stunde

ZUTATEN:

1 lebender Hummer (etwa 800–1000 g)
100 ml Erdnußöl
4 EL sehr fein gewürfelte Möhren
2 EL sehr fein gewürfelte Schalotten oder Zwiebeln
2 Knoblauchzehen, ungeschält, zerdrückt
50 ml Cognac oder Armagnac
300 ml trockener Weißwein
300 ml Fischfond (s. S. 21)
200 g vollreife Tomaten, gehäutet, entkernt und gehackt
1 Bouquet garni (s. S. 10) mit einem Zweig Estragon
60 g Butter
10 g Mehl
1 Prise Cayennepfeffer
75 ml Crème double (nach Belieben)
Salz und frisch gemahlener Pfeffer

Oben und unten: Den Kopf des Hummers vom Körper trennen und den Schwanz in Ringe schneiden.

Einen großen Topf mit gesalzenem Wasser zum Kochen bringen. Den Hummer unter fließendem kaltem Wasser abbürsten und mit dem Kopf voraus 45 Sekunden in das sprudelnd kochende Wasser tauchen. Den Hummer herausnehmen und abtropfen lassen. Den Kopf, die Scheren und den Schwanz vom Körper abtrennen und den Schwanz an den Gelenken in Scheiben schneiden. Das Kopfstück längs halbieren und den Magensack entfernen. Das grünliche Corail aus dem Kopfteil herauslösen und beiseite stellen. Den Hummer mit Salz, Pfeffer und etwas Cayenne würzen.

Das Erdnußöl in einer Bratpfanne oder einem flachen Topf stark erhitzen. Sobald es richtig heiß ist, alle Hummerteile hineingeben (1) und kräftig anrösten (2). Die Hummerteile mit einem Schaumlöffel herausnehmen und auf eine Platte legen. Das Bratfett abgießen.

Das Kopfstück längs durchschneiden und den Magensack entfernen.

Das grünliche Corail herauslösen und zur Seite stellen.

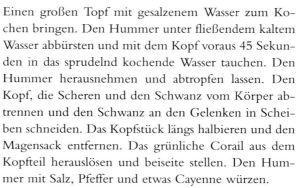

Die Scheren und die Schwanzteile des Hummers heraus- nehmen und zur Seite stellen.

In derselben Pfanne Möhren, Schalotten und Knoblauch leicht andünsten (3), die Hummerteile in den Topf geben und mit Cognac flambieren (4). Mit Wein und Fischfond ablöschen, dann die Tomaten, das Bouquet garni und eine Prise Salz zugeben. Sobald die Mischung kocht, die Temperatur reduzieren und alles 15 Minuten köcheln lassen. Die Scheren- und Schwanzstücke des Hummers herausnehmen und zur Seite stellen. Die Sauce weitere 30 Minuten leise köcheln lassen und alle 15 Minuten abschäumen.

Mit einer Gabel das Corail mit Butter und Mehl verkneten. Diese Masse nach und nach zur Sauce geben, 5 Minuten weiterkochen lassen, dann nach Belieben die Sahne unterrühren und die Sauce durch ein Sieb streichen. Mit Salz und Pfeffer abschmecken. Das zurückbehaltene Hummerfleisch würfeln und kurz vor dem Servieren an die Sauce geben.

Die Sahne, wenn gewünscht, zugießen.

Die Mischung aus Corail, Butter und Mehl nach und nach unterrühren.

Rechts: Die Sauce durch ein feinmaschiges Sieb passieren.

Thermidor-Sauce

Sauce thermidor

Diese berühmte Sauce zu Hummer Thermidor wird leider allzuoft nicht gekonnt zubereitet und ist dann natürlich eine Enttäuschung für den Gaumen. Ich serviere diese Sauce am liebsten zu allen Arten von Krustentieren, besonders mit Krabbenfleisch gemischt und anschließend gratiniert. Am Ende der Garzeit sorgt ein Teelöffel voll Cognac für zusätzliches Raffinement.

FÜR 6 PERSONEN

Zubereitungszeit: 10 Minuten
Garzeit: etwa 40 Minuten

ZUTATEN:

40 g Schalotten, sehr fein gehackt
200 ml Fischfond (s. S. 21)
200 ml trockener Weißwein
300 ml Béchamelsauce (s. S. 128)
100 ml Crème double
1 TL scharfer Dijon-Senf
1 TL englisches Senfpulver, in wenig Wasser aufgelöst
50 g kalte Butter, gewürfelt
Salz und Cayennepfeffer
1 EL kleingeschnittener Estragon

Schalotten, Fischfond und Wein in einem Topf erhitzen und die Flüssigkeit um zwei Drittel einkochen lassen. Die Béchamelsauce zugeben und bei schwacher Hitze 20 Minuten kochen; dabei alle 5 Minuten die Sauce umrühren. Die Sahne zugießen, 5 Minuten köcheln, dann den Senf unterrühren und weitere 2 Minuten köcheln lassen. Den Herd ausschalten und die Butter stückchenweise unter die kochendheiße Sauce schlagen. Mit Salz und einer kräftigen Prise Cayennepfeffer abschmecken. Zum Schluß den kleingeschnittenen Estragon unterziehen und die Sauce sofort servieren.

Mangosauce

Sauce à la mangue

Diese fruchtige Sauce schmeckt sehr erfrischend und ist sicher ideal für ein sommerliches Picknick im Freien. Sie paßt auch gut zu gegrilltem Fisch oder zu Krustentieren wie Hummer oder Scampi.

FÜR 6 PERSONEN

Zubereitungszeit: 10 Minuten
Garzeit: etwa 40 Minuten

ZUTATEN:

1 Mango (etwa 250 g)
50 ml Cognac oder Armagnac
1 kleine Prise Currypulver
7 g eingelegte grüne Pfefferkörner, gut abgetropft
300 ml Fischfond (s. S. 21)
200 ml Crème double
100 g Naturjoghurt
Salz und frisch gemahlener Pfeffer
1 EL kleingeschnittene glatte Petersilie

Die Mango mit einem scharfen Küchenmesser schälen und das saftige Fruchtfleisch rund um den Kern mit einem scharfen Messer ablösen. Das Fruchtfleisch zusammen mit dem Alkohol, dem Currypulver und den grünen Pfefferkörnern in einen Topf geben und 5 Minuten köcheln lassen. Mit dem Fischfond aufgießen und bei schwacher Hitze 20 Minuten sanft köcheln. Die Sahne zugeben und weitere 5 Minuten kochen, dann den Herd ausschalten und den Joghurt unterrühren.

Die Sauce in einen Mixer geben und 30 Sekunden aufschlagen, anschließend durch ein feinmaschiges Spitzsieb passieren und mit Salz und Pfeffer abschmecken. Die Sauce sofort servieren oder im (nicht zu heißen) Wasserbad warm halten. Die Petersilie erst kurz vor dem Servieren unterrühren.

Kressesauce

Sauce cressonnière

Diese Sauce schmeckt sehr gut zu gegrillten Jakobsmuscheln oder pochierten Austern. Sie ist besonders leicht, fast schon bouillonartig, und wird am besten mit einem Löffel serviert.

FÜR 8 PERSONEN

Zubereitungszeit: 15 Minuten
Garzeit: 15 Minuten

ZUTATEN:

400 g Brunnenkresse
100 g Butter
500 ml Gemüsefond (s. S. 22)
15 g eingelegte grüne Pfefferkörner
Salz und frisch gemahlener Pfeffer

Die Stiele großzügig abschneiden und nur die Blätter der Brunnenkresse verwenden. In einem Topf 30 g Butter zerlassen, die Brunnenkresse zugeben und bei schwacher Hitze unter ständigem Rühren 3 Minuten andünsten.

Den Gemüsefond und die grünen Pfefferkörner zugeben, anschließend die Temperatur heraufschalten und alles 10 Minuten kochen. Den Herd ausschalten und die Sauce 10 Minuten ziehen lassen, dann in einer Küchenmaschine 2 Minuten lang aufschlagen. Die Sauce durch ein feinmaschiges Spitzsieb in einen sauberen Topf geben. Zum Passieren eine Schöpfkelle verwenden. Die Sauce erneut aufkochen, dann den Topf vom Herd nehmen und die restliche Butter stückchenweise unterschlagen. Zum Schluß mit Salz und Pfeffer abschmecken.

Tomaten-Nage

Nage de tomates

Diese besonders leichte Sauce paßt sehr gut zu pochierten Krustentieren, aber auch zu gegrilltem Fisch, wie Lachsschnitzel oder Seezungenfilet. Kleingeschnittenes Basilikum, kurz vor dem Servieren hinzugefügt, gibt ihr eine feine Würze. Falls die frischen Tomaten nicht genügend Aroma entwickelt haben, können Sie mit einem Teelöffel Tomatenmark nachhelfen.

FÜR 8 PERSONEN

Zubereitungszeit: 15 Minuten
Garzeit: 25 Minuten

ZUTATEN:

350 g vollreife Tomaten, gehäutet, entkernt und gehackt
50 g Schalotten, in dünne Ringe geschnitten
50 g kleine Champignons, feinblättrig geschnitten
1 Zweig Thymian
1 Lorbeerblatt
250 ml Gemüsefond (s. S. 22)
1 Prise Zucker
50 ml Crème double
250 g Butter
Salz und frisch gemahlener Pfeffer

Alle Zutaten bis auf die Sahne und die Butter in einen Topf geben und bei mittlerer Hitze aufkochen. Sobald die ersten Bläschen aufsteigen, die Temperatur herunterschalten und die Flüssigkeit langsam um zwei Drittel einkochen lassen. Dann die Sahne zugießen und 3 Minuten köcheln lassen. Den Topf vom Herd nehmen und die Butter stückchenweise unterschlagen. Die Sauce durch ein feinmaschiges Spitzsieb in einen sauberen Topf gießen und mit Salz und Pfeffer abschmecken. Die Nage ist fertig und kann sofort serviert werden.

Garnelensauce

Sauce aux crevettes

Diese köstliche Sauce harmoniert mit fast jedem Fisch, ob pochiert, gedämpft oder geschmort. Ich verteile sie auch gern über geviertelte hartgekochte Eier. Noch feiner schmeckt sie, wenn man kurz vor dem Servieren 2 Eßlöffel trockenen Sherry unterrührt.

FÜR 6 PERSONEN

Zubereitungszeit: 15 Minuten
Garzeit: etwa 45 Minuten

ZUTATEN:

600 ml kalter Fischfond (s. S. 21)
40 g heißer heller Roux (s. S. 33)
200 ml Crème double
60 g Garnelenbutter (s. S. 61)
60 g gekochte und ausgelöste rosa oder graue
Garnelenschwänze
Salz und Cayennepfeffer

Den heißen Roux in einen Topf geben und bei mittlerer Hitze den kalten Fischfond mit einem Schneebesen gleichmäßig unterrühren. Sofort nach dem Aufkochen die Temperatur herunterschalten und die Flüssigkeit ungefähr 30 Minuten sanft köcheln lassen, dabei alle 10 Minuten einmal kräftig durchrühren, damit am Topfboden nichts ansetzt. Sobald sich während des Kochens Haut auf der Velouté bildet, diese mit einem Löffel abheben.

Nach 30 Minuten die Sahne zugießen und die Sauce noch einmal 10 Minuten köcheln lassen. Auf kleinster Flamme die Garnelenbutter stückchenweise unterschlagen. Die Sauce mit Salz und Pfeffer abschmecken und mit Cayennepfeffer nachwürzen. Anschließend die Sauce durch ein feinmaschiges Spitzsieb passieren, die Garnelenschwänze zugeben und sofort servieren.

Fisch-Fumet mit Tomaten und Basilikum

Fumet de poissons à la tomate et au basilic

Das delikate Fleisch von Fischen wie Meerbarbe, Petersfisch oder Meerbrasse schmeckt gedämpft als Filet ganz hervorragend, vor allem, wenn es in einem tiefen Teller mit diesem sommerlich leichten Fumet angerichtet wird, der kein Fett enthält und so herrlich nach Tomaten und Basilikum duftet. Das fertige Gericht kann nach Belieben mit fein zerpflücktem Basilikum bestreut werden.

FÜR 6 PERSONEN

Zubereitungszeit: 5 Minuten
Garzeit: etwa 30 Minuten

ZUTATEN:

600 ml Fischfond (s. S. 21)
Salz und frisch gemahlener Pfeffer

ZUM KLÄREN:

500 g vollreife Tomaten, gehackt
1 kleine rote Paprikaschote ohne Kerne und weißliche
Rippen, in dünne Ringe geschnitten
50 g Basilikum, grob gehackt
4 Eiweiß
8 Pfefferkörner, zerdrückt

Die Zutaten zum Klären des Fumets sorgfältig mischen. Den Fischfond in einen Topf gießen und die Mischung zum Klären zugeben. Bei mittlerer Hitze alles zum Kochen bringen, dabei alle 5 Minuten mit einem Holzlöffel umrühren. Sobald die Flüssigkeit kocht, die Temperatur herunterschalten und 20 Minuten sanft köcheln lassen. Den geklärten Fumet durch ein feinmaschiges Spitzsieb seihen, mit Salz und Pfeffer abschmecken und sofort servieren.

Muschelsauce mit Curry

Sauce mouclade d'Aunis

Diese Sauce paßt ausgezeichnet zu Miesmuscheln, gekocht à la marinière und aus den Schalen gelöst, oder zu pochiertem Kabeljau oder Heilbutt. Sie schmeckt aber auch sehr gut zu einem Reis-Pilaw oder zu Schmetterlingsnudeln.

FÜR 6 PERSONEN

Zubereitungszeit: 5 Minuten
Garzeit: etwa 25 Minuten

ZUTATEN:

50 g Butter
60 g Zwiebeln, fein gehackt
15 g Mehl
5 g Currypulver
500 g Garflüssigkeit von Miesmuscheln und anderen
Schaltieren wie Venusmuscheln
1 kleines Bouquet garni (s. S. 10)
150 ml Crème double
Salz und frisch gemahlener Pfeffer

Die Butter in einem Topf zerlassen, die Zwiebeln zugeben und bei schwacher Hitze 3 Minuten andünsten. Das Currypulver und das Mehl mit einem Holzlöffel unterrühren und weitere 3 Minuten kochen, dann die kalte Garflüssigkeit der Muscheln zugießen. Das Bouquet garni zugeben und die Sauce 20 Minuten auf kleinster Flamme kochen, dabei alle 5 Minuten mit einem Holzlöffel umrühren. Die Sahne zugießen und kurz aufkochen lassen, dann das Bouquet garni herausnehmen und die Sauce mit Salz und Pfeffer abschmecken. Sofort servieren.

Das Currypulver zur zerlassenen Butter mit der angedünsteten Zwiebel geben.

Das Mehl zugeben und mit einem Löffel verrühren.

Für die Muschelsauce mit Curry wird die Garflüssigkeit von Muscheln verwendet.

Die Sahne in die Sauce einrühren.

Das Bouquet garni mit einer Gabel herausfischen.

Bercy-Sauce

Sauce Bercy

Diese klassische Fischsauce paßt gut zu allen Fischen, ob mit hellem oder dunklerem Fleisch. Ich persönlich mag sie gern zu Dornhai, aber auch zu Rochen.

FÜR 6 PERSONEN

Zubereitungszeit: 10 Minuten
Garzeit: etwa 35 Minuten

ZUTATEN:

60 g Butter
60 g Schalotten, sehr fein gehackt
200 ml trockener Weißwein
150 ml Fischfond (s. S. 21)
400 ml Fisch-Velouté (s. S. 21)
Saft von $1/2$ Zitrone
2 EL gehackte Petersilie
Salz und frisch gemahlener Pfeffer

In einem Topf 20 g Butter zerlassen und die gehackten Schalotten 1 Minute darin andünsten. Mit dem Weißwein und dem Fischfond aufgießen und die Flüssigkeit bei mittlerer Hitze um die Hälfte einkochen. Die Fisch-Velouté zugießen und 20 Minuten sanft köcheln lassen. Die Sauce sollte anschließend so dickflüssig sein, daß sie am Löffel haftet. Falls sie zu dünn ist, 5 bis 10 Minuten weiterkochen.

Den Herd ausschalten und die restliche Butter und den Zitronensaft unterrühren. Die Sauce mit Salz und Pfeffer abschmecken, die Petersilie unterziehen und sofort servieren.

BERCY-SAUCE MIT ESTRAGON: Die Petersilie durch die Hälfte der angegebenen Menge an kleingeschnittenem Estragon ersetzen.

Petersilien-Nage mit Zitronengras

Nage de persil à la citronnelle

Bei dieser leichten Sauce verbindet sich der frische Geschmack der Petersilie mit einem zarten Zitronenaroma. Sie schmeckt sehr gut zu pochiertem oder gebratenem Fisch und zu Jakobsmuscheln und Scampi.

FÜR 6 PERSONEN

Zubereitungszeit: 10 Minuten
Garzeit: etwa 30 Minuten

ZUTATEN:

100 g glatte Petersilie, Stengel und Blätter grob gehackt
30 g Schalotten, gehackt
1 Stengel Zitronengras, der Länge nach geteilt
300 ml Fischfond (s. S. 21) oder Gemüsefond (s. S. 22)
4 EL Crème double
Saft von $1/2$ Zitrone
200 g kalte Butter, gewürfelt
2 EL kleingeschnittene Petersilienblätter
Salz und frisch gemahlener Pfeffer

Den Fischfond mit der grob gehackten Petersilie, Schalotten und Zitronengras in einen Topf geben und auf kleiner Flamme 10 Minuten kochen. Das Zitronengras herausnehmen, den Topfinhalt in einen Mixer gießen und 1 Minute fein pürieren.

Das Püree durch ein feinmaschiges Sieb in einen sauberen Topf streichen, die Sahne und den Zitronensaft zugeben und aufkochen. Die Sauce köcheln lassen, bis sie leicht am Löffel haftet. Auf kleinster Flamme die Butter stückchenweise unterschlagen. Die Sauce mit Salz und Pfeffer abschmecken, die kleingeschnittenen Petersilienblätter unterrühren und sofort servieren.

Mandarinensauce

Sauce à la mandarine

Diese delikate Sauce bezaubert durch ihre Farbe und Wärme und schmeckt besonders gut im Herbst und im Winter. Ihr feines Aroma ist wie geschaffen für pochierten weißfleischigen Fisch, und so serviere ich sie gern zu Paupiettes (kleinen Rouladen) von Seezunge, die entweder ungefüllt oder mit einer Farce aus Hummer-Mousse pochiert werden.

FÜR 4 PERSONEN

Zubereitungszeit: 7 Minuten
Garzeit: etwa 20 Minuten

ZUTATEN:

250 g geschälte Mandarinen, in Segmente zerteilt
150 ml Fischfond (s. S. 21)
150 ml Crème double
2 EL Mandarinenlikör oder Grand Marnier
Schale von 1 unbehandelten Mandarine, in feine Julienne-
streifen geschnitten und blanchiert (nach Belieben)
60 g kalte Butter, gewürfelt
Salz und frisch gemahlener Pfeffer

Die Mandarinenspalten in der Küchenmaschine zerkleinern und anschließend den Fruchtbrei durch ein feinmaschiges Sieb streichen. Den aufgefangenen Mandarinensaft mit dem Fischfond in einen kleinen Topf gießen und die Flüssigkeit bei mittlerer Hitze um die Hälfte reduzieren. Die Sahne und den Likör zugeben und die Sauce einige Minuten sanft köcheln lassen, bis sie an einem eingetauchten Löffel leicht haftet. Anschließend die Sauce durch ein Spitzsieb in einen Topf oder eine Schüssel passieren und gleich die Butter stückchenweise in die noch warme Sauce schlagen; die Sauce soll glatt und glänzend sein. Mit Salz und Pfeffer abschmecken und nach Belieben mit den blanchierten Schalenstreifen garnieren. Die Sauce nicht mehr erhitzen und sofort servieren.

Paupiettes (kleine Rouladen) von Seezunge, gefüllt mit Hummer-Mousse, dazu eine delikate Mandarinensauce.

Schalotten, Bouquet garni, Wacholder und Bier werden miteinander vermischt.

Die Flüssigkeit um zwei Drittel reduzieren, die Sahne zugießen und die Sauce einkochen, bis sie leicht am Löffel haftet.

Biersauce
Sauce à la bière

Diese Sauce ist ideal zu geschmorten Steaks von Steinbutt oder Dornhai. Ein Eßlöffel von der Schmorflüssigkeit der Fische, kurz vor dem Servieren untergerührt, belebt den Geschmack der Sauce.

FÜR 4 PERSONEN

Zubereitungszeit: 5 Minuten
Garzeit: etwa 15 Minuten

ZUTATEN:

60 g Schalotten, in hauchdünne Ringe geschnitten
1 kleines Bouquet garni (s. S. 10)
4 Wacholderbeeren, zerdrückt
300 ml helles Bier, nicht zu bitter
200 ml Crème double
60 g kalte Butter, gewürfelt
$^1/_2$ EL kleingeschnittene glatte Petersilie
Salz und frisch gemahlener Pfeffer

Die Schalotten mit dem Bouquet garni und den Wacholderbeeren in einen Topf geben, das Bier zugießen und die Flüssigkeit bei mittlerer Hitze um zwei Drittel einkochen. Die Sahne zugießen und 5 Minuten köcheln lassen, bis die Sauce leicht am Löffel haftet. Falls sie zu dünn ist, noch einige Minuten weiter-

Die Butter mit einem Schneebesen unterrühren.

Die Petersilie unter die Sauce ziehen.

kochen lassen. Die Sauce durch ein Spitzsieb gießen, die Butter stückchenweise unterschlagen und zuletzt die Petersilie unterrühren. Mit Salz und Pfeffer abschmecken.

Wermutsauce
Sauce minute au Noilly

Zur Eröffnung unseres Restaurants »Le Gavroche« servierten wir diese Sauce zu einem Ragout von Jakobsmuscheln in kleinen Porzellanformen, den sogenannten »Cassolettes«. Die Gäste sind noch immer von dieser Sauce begeistert, und heute reiche ich sie auch oft zu geschmortem weißfleischigem Fisch.

FÜR 4 PERSONEN

Zubereitungszeit: 5 Minuten
Garzeit: etwa 20 Minuten

ZUTATEN:

40 g Schalotten, fein gehackt
1 Zweig frischer Thymian
$^1/_2$ Lorbeerblatt
100 ml Noilly-Prat oder anderer trockener Wermut
300 ml Fischfond (s. S. 21)
2 EL Crème double
1 Prise Paprikapulver
60 g kalte Butter, gewürfelt
Salz und frisch gemahlener Pfeffer

Schalotten, Thymian, Lorbeerblatt und Wermut in einen Topf geben und die Flüssigkeit bei starker Hitze um ein Drittel reduzieren. Mit dem Fischfond aufgießen und bei mittlerer Hitze 10 Minuten kochen, dann die Sahne zugießen. Die Sauce bei starker Hitze einkochen, bis sie so dickflüssig ist, daß sie am Löffel haftet. Den Thymianzweig und das halbe Lorbeerblatt herausnehmen, das Paprikapulver unterrühren und die Temperatur so weit herunterschalten, daß die Sauce nicht mehr kocht. Die Butter stückchenweise unterschlagen, anschließend die Sauce mit Salz und Pfeffer abschmecken.

Die Sauce im Mixer 30 Sekunden aufschlagen, damit sie schön leicht und schaumig wird, und sofort servieren.

Sauternes-Sauce mit Pistazien

Sauce au Sauternes et aux pistaches

Diese Sauce serviere ich gern zu pochierten oder gedämpften Filets von Seezunge, Lachs, Seebarsch, Steinbutt oder Petersfisch. Hin und wieder – jeweils passend zum Fisch – verfeinere ich die Sauce kurz vor dem Servieren mit einer Handvoll frisch gehackter Pistazien.

FÜR 6 PERSONEN

Zubereitungszeit: 10 Minuten
Garzeit: etwa 40 Minuten

ZUTATEN:

20 g Butter
150 g kleine Champignons, feinblättrig geschnitten
300 ml Sauternes, Barsac oder ein anderer, vergleichbarer
süßer Weißwein
600 ml Fischfond (s. S. 21)
75 g heller Roux (s. S. 33), abgekühlt
80 g Pistazienbutter (s. S. 57)
150 ml Crème double
Salz und frisch gemahlener Pfeffer

Die Pilze in der zerlassenen Butter andünsten.

Den Roux unterrühren und die Sauce 30 Minuten sanft köcheln lassen.

Die Sahne zugeben und die Sauce so lange kochen, bis sie cremig geworden ist.

Die Pistazienbutter mit einem Schneebesen unterrühren.

Die Butter in einem Topf zerlassen, die Pilze zugeben und 2 Minuten darin andünsten. Mit dem Weißwein aufgießen und die Flüssigkeit um ein Drittel einkochen, dann den Fischfond zugießen und alles zum Kochen bringen. Nach dem Aufkochen den abgekühlten hellen Roux mit einem Schneebesen nach und nach unterrühren. Die Sauce 30 Minuten sanft köcheln lassen, dabei alle 10 Minuten kräftig durchrühren und die Oberfläche abschäumen.

Die Sahne zugießen und die Sauce leicht cremig einkochen, anschließend die Pistazienbutter stückchenweise unterschlagen. Sobald die Butter eingearbeitet ist, den Topf vom Herd nehmen, die Sauce mit Salz und Pfeffer abschmecken und durch ein feinmaschiges Sieb passieren. Die Sauce innerhalb weniger Minuten servieren oder im Wasserbad warm halten, aber nicht mehr kochen lassen.

Matelote-Sauce

Sauce matelote

Diese Sauce wird für gewöhnlich mit in Butter gebratenen kleinen Zwiebeln und Champignons serviert. Sie paßt sehr gut zu gebratener Forelle, Merlan, Seeteufel und vielen anderen Fischen.

Manchmal runde ich die Sauce mit 100 g Scampi-Butter (s. S. 57) ab und lasse dafür die im Rezept angegebenen 50 g Butter weg. Auf diese Weise erhalte ich eine delikate Sauce, die besonders gut zu einem Loup de mer schmeckt.

FÜR 4 PERSONEN

Zubereitungszeit: 5 Minuten
Garzeit: etwa 20 Minuten

ZUTATEN:

250 ml Fischfond (s. S. 21)
50 g kleine Champignons, feinblättrig geschnitten
400 ml Fisch-Velouté (s. S. 21)
50 g kalte Butter, gewürfelt
Salz und Cayennepfeffer

Den Fischfond mit den Pilzen in einen Topf geben und die Flüssigkeit bei mittlerer Hitze um die Hälfte einkochen. Die Fisch-Velouté zugeben und die Sauce 10 Minuten sanft köcheln lassen, anschließend durch ein feinmaschiges Sieb in einen sauberen Topf oder in eine Schüssel abseihen und nicht mehr erhitzen. Die kalte Butter stückchenweise unterschlagen. Die Sauce mit Salz und etwas Cayennepfeffer abschmecken und sofort servieren.

ROTE MATELOTE-SAUCE: Für die rote Variante dieser Sauce einen mit Rotwein zubereiteten Fischfond verwenden und die Fisch-Velouté durch Kalbsfond (s. S. 16) ersetzen, damit die Sauce eine attraktive dunkle Farbe annehmen kann.

Gebratener Seebarsch und Sauternes-Sauce mit Pistazien.

Normannische Sauce

Sauce normande

Eine klassische Sauce, die nicht nur herrlich zu Seezunge à la normande schmeckt, sondern zu jedem anderen Fisch mit weißem Fleisch. Durch die Zugabe von Muschelbrühe wird die Sauce noch delikater.

FÜR 6 PERSONEN

Zubereitungszeit: 15 Minuten
Garzeit: etwa 35 Minuten

ZUTATEN:

30 g Butter
100 g kleine Champignons, feinblättrig geschnitten
1 Zweig frischer Thymian
60 g heißer weißer Roux (s. S. 33)
500 ml kalter Fischfond (s. S. 21)
50 ml Muschelbrühe (nach Belieben)
200 ml Crème double
3 Eigelb
Saft von $^1/_2$ Zitrone
Salz und frisch gemahlener weißer Pfeffer

Die Butter bei schwacher Hitze in einem Topf zerlassen, die Pilze und den Thymian zugeben und 2 Minuten andünsten. Den heißen Roux unterrühren, dann mit dem kalten Fischfond und, falls verwendet, mit der Muschelbrühe aufgießen. Das Ganze mit einem kleinen Schneebesen sorgfältig verrühren und zum Kochen bringen. Nach dem Aufkochen die Sauce 20 Minuten sanft köcheln lassen, dabei alle 5 Minuten kurz durchrühren. Die Sahne mit dem Eigelb mischen und unterrühren, den Zitronensaft zugeben und die Sauce nochmals 10 Minuten köcheln lassen. Mit Salz und Pfeffer abschmecken, dann die Sauce durch ein feinmaschiges Sieb passieren und sofort servieren.

Meeresalgensauce

Sauce iodée

In dieser Sauce ist der Geschmack des Meeres wunderbar eingefangen. Sie paßt sehr gut zu geschmortem Fisch, wie Stein- oder Heilbutt, oder zu einer Fischpastete.

FÜR 6 PERSONEN

Zubereitungszeit: 5 Minuten
Garzeit: etwa 25 Minuten

ZUTATEN:

20 g Butter
40 g Schalotten, gehackt
150 ml trockener Weißwein
200 ml Fischfond (s. S. 21)
20 g Gewürzmischung, gemahlen, aus gleichen Teilen von Lavendelsamen, Dillsamen, Lindenblüten, Wacholderbeeren, Korianderkörnern, roten Chillies und Zitronengras
6 Blätter getrocknete Algen (z. B. Nori oder Kombu)
200 ml Crème double
6 mittelgroße Austern, aus der Schale gelöst,
mit dem Austernwasser
Salz und frisch gemahlener Pfeffer

Die Butter in einem Topf zerlassen und die Schalotten darin 1 Minute andünsten. Mit dem Fischfond und dem Wein aufgießen, die Gewürzmischung und die Algen zugeben und die Flüssigkeit bei mittlerer Hitze um die Hälfte einkochen. Die Sahne mit Austern und Austernwasser zugeben und die Sauce 5 Minuten köcheln lassen.

Den Inhalt des Topfes in einen Mixer geben und 1 Minute aufschlagen. Die Sauce durch ein feinmaschiges Spitzsieb in einen sauberen kleinen Topf seihen, mit Salz und Pfeffer abschmecken und möglichst sofort servieren oder einige Minuten im Wasserbad warm halten.

Austernsauce mit Himbeeren

Sauce aux huitres au parfum de framboises

Die zarten Himbeeren und das mildaromatische Austern-fleisch gehen in dieser Sauce eine gelungene Verbindung ein. Ich pochiere rohe Austern 30 Sekunden und serviere sie lau-warm auf einem kleinen Teller, umgossen von dieser delikaten Sauce und garniert mit blanchierten Bohnensprossen – ein ganz besonderer Genuß.

FÜR 6 PERSONEN

Zubereitungszeit: 5 Minuten
Garzeit: etwa 12 Minuten

ZUTATEN:

30 g Schalotten, gehackt
18 reife Himbeeren
20 g feinkörniger Zucker
50 ml Himbeeressig, selbstgemacht (s. S. 44) oder gekauft
8 mittelgroße Austern, aus der Schale gelöst,
mit dem Austernwasser
200 ml Crème double
Salz und frisch gemahlener Pfeffer

Schalotten, Himbeeren und Zucker in einem kleinen Topf vermischen und bei milder Hitze 3–4 Minuten unter Rühren mit einem Holzlöffel kochen, bis ein Püree von marmeladenähnlicher Konsistenz entstanden ist. Den Essig zugießen, 3 Minuten köcheln lassen, dann die Austern mit dem Austernwasser und die Sahne zugeben und 5 Minuten sanft köcheln. Die Sauce in einen Mixer geben und fein pürieren, anschließend durch ein feinmaschiges Sieb in einen sauberen Topf passieren. Mit Salz und Pfeffer abschmecken und die Sauce sofort servieren oder kurz im Wasserbad warm halten.

Austern in Blätterteig, dazu eine Austernsauce mit Himbeeren.

KAPITEL 7

Die Saucen dieses Kapitels sind feine, elegante Kreationen, und trotz ihrer Reichhaltigkeit ist ihre Konsistenz angenehm leicht und luftig. Von den aufgeschlagenen Saucen bevorzuge ich die Hollandaise. Warm serviert zu pochiertem, gedämpftem oder gegrilltem Fisch oder zu frischem Spargel, schmeckt sie einfach unvergleichlich.

Auch von der Mayonnaise gibt es zahlreiche Abwandlungen. Lockerer wird sie durch geschlagene Sahne, kalorien- und fettärmer durch die Zugabe von Joghurt oder Frischkäse.

Aufgeschlagene Saucen

Bei den aufgeschlagenen Saucen darf natürlich die weiße Buttersauce (Beurre blanc) nicht fehlen, die stets mit einem wirklich guten trockenen Weißwein zubereitet werden sollte. Wird die Sauce zu geschmortem weißem Fisch wie Steinbutt gereicht, ersetzt man den Wein durch trockenen Sherry.

Alle hier genannten Saucen sind einfach und schnell zubereitet, wenn man sich an ein paar Grundregeln hält:

* Unerläßlich zum Saucenkochen ist ein geradwandiger oder leicht konischer Topf mit schwerem Boden.

* Warm aufgeschlagene Saucen sind fein und duftig. Nur eines vertragen sie nicht: Wartezeiten. Deshalb werden sie immer erst kurz vor dem Servieren zubereitet. Und mit einer Gartemperatur von nicht mehr als 65 °C bieten sie Bakterien einen idealen Nährboden, ein weiterer Grund, sie unmittelbar nach der Zubereitung zu servieren.

* Viele aufgeschlagene Saucen werden mit rohen oder halbrohen Eiern zubereitet. Bei Verwendung von rohen Eiern ist es ganz besonders wichtig, deren Herkunft und Frische zu kennen. Auch sollte man Zubereitungen mit rohen Eiern besonders gefährdeten Personen, wie älteren Menschen und Kleinkindern, besser nicht servieren.

* Warm aufgeschlagene Saucen sollten nicht wieder aufgewärmt werden, auch nicht im Wasserbad. Sie verlieren ihre lockere Beschaffenheit und trennen sich leicht in ihre Bestandteile.

* Aufgeschlagene Saucen sollten stets in einer Sauciere aus Porzellan oder Edelstahl serviert werden. Gefäße aus Silber sind unbedingt zu meiden, denn Saucen auf Eierbasis reagieren mit dem Metall.

Blumenkohl mit Paprika-Sabayon.

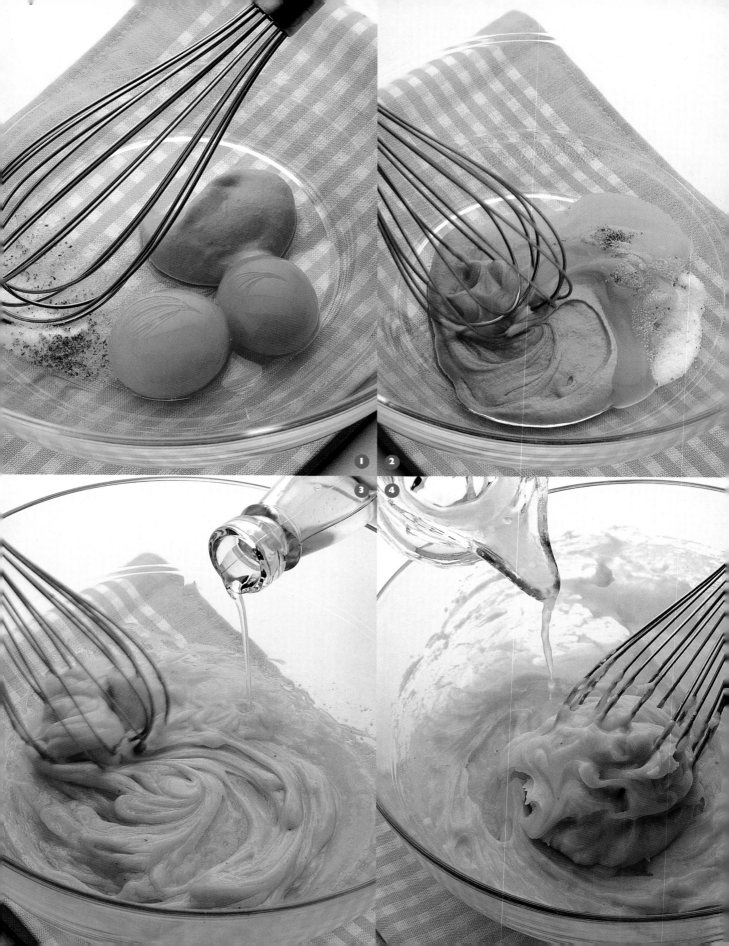

Mayonnaise

Sauce mayonnaise

*ben und unten: Die Mayonnaise
äftig weiterrühren, bis sie dick
d glänzend wird.*

*Eine Mayonnaise läßt sich beliebig abwandeln und paßt aus-
gezeichnet zu kaltem Huhn, ob pochiert oder gebraten, zu
kalt servierten Meeresfrüchten, wie Krabben, Hummer und
Scampi, aber auch zu pochiertem Fisch, wie Lachs, Seehecht
und Kabeljau; die Liste ließe sich endlos fortsetzen.*

*Ein Teil der im Rezept angegebenen Menge an Erdnußöl
kann durch Olivenöl ersetzt werden. Allerdings sollte es nie
mehr als ein Viertel sein, da Olivenöl einen sehr ausgepräg-
ten Eigengeschmack besitzt. Cremiger wird die Mayonnaise,
wenn man nach der Zugabe von Essig oder Zitronensaft zwei
Eßlöffel Crème double unter die Emulsion rührt.*

FÜR 4 PERSONEN

Zubereitungszeit: 5 Minuten

ZUTATEN:

2 Eigelb
1 EL scharfer Dijon-Senf
250 ml Erdnußöl
1 EL Weißweinessig oder 1 EL Zitronensaft
Salz und frisch gemahlener Pfeffer
Alle Zutaten sollen Raumtemperatur haben.

Ein sauberes Geschirrtuch auf der Arbeitsfläche aus-
breiten und eine Rühr- oder Salatschüssel daraufstel-
len. Das Eigelb mit dem Senf und etwas Salz und Pfeffer (1) in die Schüssel geben und mit einem
Schneebesen verrühren (2). Das Öl erst tropfenweise
und dann in feinem Strahl unter ständigem Schlagen
mit dem Schneebesen dazufließen lassen. Sobald das
ganze Öl untergeschlagen ist, 30 Sekunden kräftig
weiterrühren, bis die Masse dick und glänzend geworden ist, dann den Essig oder den Zitronensaft unterrühren (4). Die Mayonnaise mit Salz und Pfeffer
abschmecken.

Abgedeckt mit Frischhaltefolie, kann die fertige
Mayonnaise bis zum Gebrauch bei Zimmertemperatur
aufbewahrt werden. Es ist jedoch nicht ratsam, sie länger als ein paar Stunden aufzuheben.

*Mayonnaise paßt sehr gut zu
allen Krustentieren.*

Aïoli

L'aïoli

Diese Knoblauchmayonnaise paßt ausgezeichnet zu Kabeljau oder zu einer Bouillabaisse, statt der traditionell dazu gereichten Rouille. Aber auch zu den meisten anderen Fischsuppen und zu unzähligen mediterranen Gemüsesorten schmeckt sie sehr gut.

FÜR 8 PERSONEN

Zubereitungszeit: 15 Minuten

ZUTATEN:

180 g im Ofen gegarte Kartoffel, gepellt, durch ein Sieb gestrichen und bei Zimmertemperatur aufbewahrt
4 Knoblauchzehen, geschält, den grünen Keim entfernt, zerdrückt (s. S. 8)
1 rohes Eigelb
2 hartgekochte Eigelb, durch ein Sieb gestrichen
200 ml Olivenöl
1 Prise Safranfäden, in 3 EL kochendes Wasser eingelegt
Salz und Cayennepfeffer

Die passierte Kartoffel mit dem Knoblauch, dem rohen Eigelb, dem gekochten Eigelb und etwas Salz in einem Mörser mit dem Stößel fein zerreiben. Anschließend das Öl erst tropfenweise, dann in feinem Strahl dazufließen lassen, dabei ständig weiterrühren, bis das Öl etwa zur Hälfte aufgebraucht ist. Den Safran mit der Einweichflüssigkeit unter Rühren zugeben. Das restliche Öl tropfenweise mit dem Stößel untermischen, bis eine glatte, cremige Masse entstanden ist. Die Sauce mit Salz und einer kräftigen Prise Cayennepfeffer abschmecken.

Remouladensauce

Sauce rémoulade

Diese pikante Variante der Mayonnaise paßt ausgezeichnet zu einem kalten Buffet mit Braten oder gemischtem Aufschnitt und ist bei einem Picknick die ideale Würze für kaltes Huhn, Roastbeef oder Schweinebraten.

FÜR 6 PERSONEN

Zubereitungszeit: 3 Minuten

ZUTATEN:

1 Rezept Mayonnaise (s. S. 109)
40 g Cornichons, fein gehackt
20 g Kapern, fein gehackt
1 EL kleingeschnittene glatte Petersilie
1 EL kleingeschnittener Kerbel
1 EL kleingeschnittener Estragon
1 Sardellenfilet, sehr fein gehackt
1 TL Dijon-Senf, eisgekühlt
Salz und frisch gemahlener Pfeffer

Die Mayonnaise mit den übrigen Zutaten in eine Schüssel geben und mit einem Holzspatel gründlich vermischen. Die Remouladensauce mit Salz und Pfeffer abschmecken.

Seeigelsauce

Sauce aux oursins

Diese Sauce unterstreicht den Geschmack von kalten Krustentieren wie Hummer, Taschenkrebs, Seespinne oder Scampi.

FÜR 4 PERSONEN

Zubereitungszeit: 5 Minuten

ZUTATEN:

12 Seeigel (Unterseite der Seeigel rundum mit einer Schere öffnen und das Innere mit einem Teelöffel herauskratzen)
1 Rezept Mayonnaise (s. S. 109)
1 EL Mandarinenlikör oder Grand Marnier
100 ml Schlagsahne, leicht geschlagen
6 Tropfen Tabasco
Salz

Das Innere der Seeigel durch ein feines Sieb streichen, dann mit einem Schneebesen unter die Mayonnaise rühren. Die restlichen Zutaten behutsam mit einem Holzspatel unterrühren und die Sauce mit Salz abschmecken.

Gribichesauce

Sauce Gribiche

Die Gribichesauce gehörte in den 60er Jahren zu den von mir am häufigsten zubereiteten Saucen. Unablässig wurde sie von Mademoiselle Cécile de Rothschild verlangt. Sie aß sie für ihr Leben gern zu kaltem Fisch, geräucherter Forelle, zu Krustentieren und hartgekochten Eiern, ja im Prinzip zu fast allem.

FÜR 6 PERSONEN

Zubereitungszeit: 5 Minuten

ZUTATEN:

4 hartgekochte Eigelb von frisch gekochten Eiern
1 TL scharfer Dijon-Senf
250 ml Erdnußöl
1 EL Weißweinessig
2 hartgekochte Eiweiß, grob gehackt
30 g kleine Kapern, abgetropft und, falls sie sehr groß sind, gehackt
30 g Cornichons, fein gewürfelt
2 EL Fines herbes (s. S. 10), kleingeschnitten
Salz und frisch gemahlener Pfeffer

Eigelb mit Senf, etwas Salz und Pfeffer in einen Mörser geben und die Zutaten mit dem Stößel fein zerreiben. Die Hälfte des Öls nach und nach unterarbeiten, so daß eine glatte Sauce entsteht. Den Essig unterrühren, dann das restliche Öl langsam unterarbeiten. Zum Schluß die übrigen Zutaten mit einem Löffel unterrühren und die Sauce mit Salz und Pfeffer abschmecken.

Schwedische Sauce

Sauce suédoise

Diese Sauce paßt sehr gut zu kaltem Gänse- oder Schweinebraten und aufgeschnittenem, geräuchertem Fleisch.

FÜR 6 PERSONEN

Zubereitungszeit: 10 Minuten
Garzeit: etwa 20 Minuten

ZUTATEN:

200 g säuerliche Äpfel, geschält, entkernt und in Stücke geschnitten
50 ml trockener Weißwein
1 Rezept Mayonnaise (s. S. 109)
1 EL frisch geriebener Meerrettich
Salz und frisch gemahlener Pfeffer

Die kleingeschnittenen Äpfel und den Weißwein in einem Topf zugedeckt 15–20 Minuten bei milder Hitze kochen, bis die Apfelstückchen sich leicht mit einer Gabel zerdrücken lassen. Den Herd ausschalten, die weichen Apfelstücke durch ein Sieb in eine Schüssel streichen und kühl stellen.

Das erkaltete Apfelmus mit dem Meerrettich unter die Mayonnaise rühren und die Sauce mit Salz und Pfeffer abschmecken.

Kalorienarme Mayonnaise

Sauce mayonnaise diététique

Diese Variante kann genauso wie die klassische Mayonnaise verwendet werden. Sie ist erfrischend und schmackhaft, und durch den Frischkäse enthält sie wesentlich weniger Fett. Wer mag, verfeinert sie vor dem Servieren mit Schnittlauchröllchen, Minze, Estragon oder Kerbel.

FÜR 4 PERSONEN

Zubereitungszeit: 3 Minuten

ZUTATEN:

150 g Frischkäse, Fettgehalt nach Geschmack
1 Eigelb
1 TL scharfer Dijon-Senf
1 TL Weißweinessig oder Zitronensaft
Salz und frisch gemahlener Pfeffer

Alle Zutaten in einer Rühr- oder Salatschüssel zu einer glatten Masse verrühren. Mit Salz und Pfeffer abschmecken und servieren.

Die Zutaten für die grüne Basis, die im Mixer püriert werden.

Das Püree auf ein Stück Musselin geben.

Den Musselinbeutel vorsichtig auswringen.

Grüne Sauce

Sauce verte

Diese Sauce auf der Basis von Mayonnaise schmeckt sehr gut zu kaltem Fisch, auch zu geräucherter Forelle und Aal. Die grüne Basis, die für diese Sauce hergestellt wird, kann in vielen anderen warmen und kalten Saucen verwendet werden, sie verleiht ihnen einen intensiven Kräutergeschmack.

FÜR 4 PERSONEN

Zubereitungszeit: 40 Minuten
Garzeit: etwa 20 Minuten

ZUTATEN:

1 Rezept Mayonnaise (s. S. 109)
1 EL Erdnußöl
Feines Salz

FÜR DIE GRÜNE BASIS:

250 g Blattspinat, gewaschen und die Stengel entfernt
10 g Kerbel, gewaschen und die Stengel entfernt
30 g Petersilie, gewaschen und die Stengel entfernt
15 g Estragon, gewaschen und die Stengel entfernt
15 g Schnittlauch
15 g Schalotten, geschält und in dünne Ringe geschnitten
500 ml kaltes Wasser

Zuerst die grüne Basis zubereiten, und zwar in zwei Portionen. Die Hälfte der Zutaten in einen Mixer geben und zunächst bei niedriger Geschwindigkeit 1 Minute pürieren, dann weitere 4 Minuten bei mittlerer Geschwindigkeit. Das entstandene Kräuterpüree in eine Schüssel geben. Mit der zweiten Portion Kräuter genauso verfahren.

Ein ausreichend großes Stück Musselin über einen Topf legen und festbinden, damit es nicht wegrutscht. Das Kräuterpüree auf den Stoff geben und die Flüssigkeit in den Topf tropfen lassen. Sobald der Kräutersaft weitgehend ausgetropft ist, den Bindfaden entfernen, die Stoffenden zusammenfassen und den Musselinbeutel vorsichtig auswringen und möglichst viel Flüssigkeit herauspressen. Das ausgedrückte Püree wegwerfen und den Stoff in kaltem Wasser ausspülen.

Die vorbereitete grüne Masse auf das Stück Musselin geben und gut abtropfen lassen.

Die grüne Basis mit einem Palettmesser abkratzen.

Die grüne Basis mit etwas Öl bedecken.

*Die gewünschte Menge grüner Basis
unter die Mayonnaise rühren.*

*Die beiden Saucen mit einem Schneebesen
verrühren.*

Den Topf mit der leuchtendgrünen Flüssigkeit bei milder Hitze aufsetzen, dabei von Zeit zu Zeit mit einem Holzlöffel umrühren. Eine Prise Salz zugeben und sobald die Flüssigkeit zu sieden beginnt, den Herd ausschalten. Das ausgespülte Stück Musselin über eine Schüssel legen und mit einem Bindfaden befestigen. Dann behutsam den Inhalt des Topfes auf den Musselin schöpfen. Einige Minuten abtropfen lassen, dann mit einem Palettmesser oder Löffel das weiche grüne Püree von der Stoffoberfläche abkratzen und in ein Auflaufförmchen füllen. Diese grüne Basis mit etwas Erdnußöl bedecken und bis zum Gebrauch kühl stellen (im Kühlschrank hält sie sich mehrere Tage).

Für die Zubereitung der grünen Sauce die gewünschte Menge an grüner Basis unter die Mayonnaise rühren. Die Menge richtet sich nach der Intensität des Kräuteraromas.

Vincentsauce

Sauce Vincent

Diese Sauce paßt ausgezeichnet zu einem sommerlichen Buffet und wird gern zu pochiertem Lachs, Seehecht oder Steinbutt in Aspik oder einem Chaudfroid gereicht.

FÜR 6 PERSONEN

Zubereitungszeit: 5 Minuten

ZUTATEN:

$^1/_2$ Rezept Grüne Sauce (s. S. 112)
$^1/_2$ Rezept Tatarensauce (s. S. 114)

Die beiden Saucen in einer Schüssel mit einem Schneebesen verrühren.

Tatarensauce

Sauce tartare

Die Tatarensauce paßt zu allen kalt servierten Fischgerichten.

FÜR 6 PERSONEN

Zubereitungszeit: 5 Minuten

ZUTATEN:

3 hartgekochte Eigelb, zimmerwarm
200 ml Erdnußöl, zimmerwarm
1 EL Weinessig oder Zitronensaft
20 g Zwiebeln, fein gehackt, blanchiert, mit kaltem
Wasser abgeschreckt und gut abgetropft
3 EL Mayonnaise (s. S. 109)
1 EL Schnittlauchröllchen
Salz und frisch gemahlener Pfeffer

Das Eigelb in einem Mörser mit dem Stößel zu einer glatten Paste zerreiben. Unter ständigem Rühren das Öl in feinem Strahl dazufließen lassen. Weiterrühren, bis die Masse cremig geworden ist, den Essig oder Zitronensaft unterrühren, dann die Zwiebeln, den Schnittlauch und die Mayonnaise untermischen und die Sauce mit Salz und Pfeffer abschmecken.

Das Eigelb mit dem Stößel zu einer glatten Paste zerreiben.

Oben und rechts: Das Öl in feinem Strahl zugießen und gleichzeitig weiterrühren, bis eine glatte Masse entstanden ist.

Die Zwiebeln und die Schnittlauchröllchen zugeben.

Die Mayonnaise unterrühren.

Alicante-Sauce

Sauce Alicante

Dies ist die kalte Mayonnaise-Variante der Malteser Sauce (s. S. 119) auf Hollandaise-Basis. Sie paßt sehr gut zu kaltem Spargel, die Sauce selbst sollte aber nicht eiskalt serviert werden.

Ich bevorzuge als Würze und für die Farbe Paprikapulver statt Cayennepfeffer, aber die Wahl des Gewürzes ist Geschmackssache und bleibt natürlich jedem selbst überlassen. Nach der Zugabe von Eischnee darf man die Sauce nicht länger stehenlassen, sonst fällt sie zusammen.

FÜR 6 PERSONEN

Zubereitungszeit: 5 Minuten

ZUTATEN:

Schale von 1 unbehandelten Orange, sehr fein gehackt, blanchiert, mit kaltem Wasser abgeschreckt und gut abgetropft
1 Rezept Mayonnaise (s. S. 109), zubereitet mit 1 EL Zitronensaft und 1 EL Orangensaft (anstelle von Essig)
2 Eiweiß
Salz und Paprikapulver oder Cayennepfeffer

Die blanchierten Orangenzesten unter die Mayonnaise rühren und nach Belieben mit Paprika oder Cayennepfeffer würzen. Das Eiweiß mit 1 Prise Salz steif schlagen und den Eischnee behutsam unter die Mayonnaise heben. Die Sauce sofort servieren.

Bagnarotte-Sauce

Sauce bagnarotte

Diese Sauce stammt aus den 60er Jahren, als ich in Paris Küchenchef bei Mademoiselle Cécile de Rothschild war. Ich bringe die Sauce bagnarotte auch heute noch in meinem Restaurant »Waterside Inn« oft auf den Tisch, vor allem im Sommer zu Canapés. Sie schmeckt aber auch ausgezeichnet zu Riesengarnelen oder Taschenkrebsen, reifen Kirschtomaten oder rohen Blumenkohlröschen, sollte jedoch stets eisgekühlt serviert werden.

FÜR 6 PERSONEN

Zubereitungszeit: 3 Minuten

ZUTATEN:

1 Rezept Mayonnaise (s. S. 109)
3 EL Tomatenketchup
1 TL Worcestershiresauce
1 EL Cognac, 2 EL Crème double
6 Tropfen Tabasco
Saft von ½ Zitrone
Salz und frisch gemahlener Pfeffer

Die Mayonnaise in eine Schüssel geben und die übrigen Zutaten mit einem Schneebesen unterrühren. Die Sauce mit Salz und Pfeffer abschmecken und bis zum Servieren in den Kühlschrank stellen.

Elsässer Senfsauce mit Meerrettich

Sauce moutarde au raifort ou Alsacienne

Im Winter reiche ich diese Sauce gern zu gebratenem oder gegrilltem Fisch. Nicht minder köstlich ist sie zu gedämpftem Brokkoli oder zu verlorenen Eiern, angerichtet auf einem Bett aus Buttermais.

FÜR 6 PERSONEN

Zubereitungszeit: 5 Minuten
Garzeit: 12–15 Minuten

ZUTATEN:

1 Rezept Hollandaise (s. S. 116)
1 EL englisches Senfpulver, aufgelöst in
1 EL kaltem Wasser
1 EL frisch geriebener Meerrettich
Salz und frisch gemahlener Pfeffer

Kurz vor dem Servieren den Zitronensaft, wie im oben genannten Rezept angegeben, zusammen mit dem Senf und dem Meerrettich unter die Hollandaise rühren. Die Sauce mit Salz und Pfeffer abschmecken und sofort servieren.

Hollandaise

Sauce hollandaise

Von der Hollandaise oder Holländischen Sauce gibt es zahlreiche Abwandlungen. Sie ist leicht, glatt und duftig, fällt leider aber auch schnell zusammen. Deshalb darf sie nicht lange stehen und sollte möglichst bald serviert oder gegebenenfalls zugedeckt an einen warmen Ort gestellt werden.

FÜR 6 PERSONEN

Zubereitungszeit: 20 Minuten
Garzeit: 12–15 Minuten

ZUTATEN:

4 EL kaltes Wasser, 1 EL Weißweinessig
5 g weiße Pfefferkörner, zerdrückt
4 Eigelb, 250 g Butter, unmittelbar zuvor geklärt (s. S. 31)
und auf Handwärme abgekühlt
Saft von ¹/₂ Zitrone, Salz

Den Zitronensaft erst unmittelbar vor dem Servieren unter die Sauce rühren.

Wasser mit Essig und Pfefferkörnern in einem kleinen schweren Topf (1) bei milder Hitze um ein Drittel einkochen, dann abkühlen lassen. Sobald die Flüssigkeit erkaltet ist, das Eigelb (2) mit einem kleinen Schneebesen gründlich einrühren. Weiterrühren und die Masse im Topf auf kleinster Flamme erhitzen. Darauf achten, daß der Schneebesen beim Schlagen Kontakt zum Topfboden hat (3). Ständig weiterschlagen und dabei langsam und stetig die Hitzezufuhr erhöhen. Die Sauce sollte ganz langsam emulgieren und nach 8–10 Minuten dick und cremig geworden sein (4). Während des Aufschlagens darf die Sauce nicht heißer als 65 °C werden. Den Topf vom Herd nehmen und die Butter erst tropfenweise, dann in dünnem Strahl zufließen lassen, dabei ständig mit dem Schneebesen weiterrühren. Mit Salz und Pfeffer abschmecken. Die Sauce durch ein feines Sieb streichen und möglichst bald servieren. Den Zitronensaft im letzten Augenblick unterrühren.

SAUCE NOISETTE: 50 g braune Butter (Beurre noisette), kurz vor dem Servieren unter die Hollandaise gerührt, gibt der Sauce einen zarten Karamelgeschmack.

1

2

3

4

Hollandaise mit roter Butter

Sauce hollandaise au beurre rouge

Diese köstliche Sauce paßt sehr gut zu gegrilltem Hummer oder zu einem gebratenen Kabeljaufilet, garniert mit Scampi-schwänzen und geschmorten Austernseitlingen.

FÜR 6 PERSONEN

Zubereitungszeit: 5 Minuten
Garzeit: 12–15 Minuten

ZUTATEN:

1 Rezept Hollandaise (s. S. 116), zubereitet mit
150 g geklärter Butter
200 g Scampi-Butter (s. S. 57)
5 g frischer Ingwer, fein gerieben
50 ml Schlagsahne, mit dem Saft von $^1/_2$ Zitrone
halbsteif geschlagen
Salz und frisch gemahlener Pfeffer

Die Hollandaise nach Rezeptanweisung zubereiten und nach und nach erst die 150 g geklärte Butter, dann die Scampi-Butter unterschlagen. Den Zitronensaft und den Ingwer wie angegeben zufügen. Die Zitronensahne behutsam unterheben, die Sauce mit Salz und Pfeffer abschmecken und sofort servieren.

Hollandaise mit Fischfond

Sauce hollandaise au fumet de poisson

Diese Sauce schmeckt wunderbar zu gebratenem oder gegrilltem Stein- oder Heilbutt. Etwas Kochflüssigkeit von Schaltieren, vor dem Einkochen an den Fond gegeben, verfeinert die Sauce ganz besonders.

FÜR 6 PERSONEN

Zubereitungszeit: 5 Minuten
Garzeit: etwa 20 Minuten

ZUTATEN:

100 ml Fischfond (s. S. 21)
1 Rezept Hollandaise (s. S. 116)
1 EL kleingeschnittener Dill
50 g Schlagsahne, leicht geschlagen
Salz und frisch gemahlener Pfeffer

Den Fischfond in einen kleinen Topf gießen und bei schwacher Hitze auf die Menge von ungefähr 2 EL einkochen lassen. Diese Reduktion unter die vorbereitete Hollandaise schlagen, dann den Zitronensaft, wie im Rezept angegeben, den kleingeschnittenen Dill und die leicht geschlagene Sahne unterrühren. Die Sauce mit Salz und Pfeffer abschmecken und sofort servieren.

Mousselinesauce

Sauce mousseline

Diese köstliche Abwandlung der Hollandaise paßt ausgezeichnet zu pochiertem oder gedämpftem Fisch oder zu Spargel. In der Trüffel-Saison kann man die Sauce mit ein paar Trüffelsplittern verfeinern.

FÜR 8 PERSONEN

Zubereitungszeit: 5 Minuten
Garzeit: 12–15 Minuten

ZUTATEN:

1 Rezept Hollandaise (s. S. 116)
75 ml Schlagsahne, leicht geschlagen
Salz und frisch gemahlener Pfeffer

Kurz vor dem Servieren den Zitronensaft, wie im Rezept angegeben, unter die Hollandaise rühren und die geschlagene Sahne gleichmäßig unterheben. Mit Salz und Pfeffer abschmecken und sofort servieren.

Malteser Sauce

Sauce maltaise

Diese weltberühmte Variante der Hollandaise serviere ich gern zu al dente gekochten Zuckererbsen, vermischt mit Orangenspalten und Spargel. Die Malteser Sauce paßt auch sehr gut zu pochierter Lachsforelle.

FÜR 6 PERSONEN

Zubereitungszeit: 5 Minuten
Garzeit: 12–15 Minuten

ZUTATEN:

Saft von 1 großen oder 2 kleinen unbehandelten
Blutorangen
Schale der Orange, sehr fein gehackt, blanchiert, mit
kaltem Wasser abgeschreckt und gut abgetropft
1 Rezept Hollandaise (s. S. 116)
Salz und frisch gemahlener Pfeffer

Den Orangensaft in einen kleinen Topf gießen und bei schwacher Hitze um ein Drittel einkochen, dann die Orangenzesten zugeben und den Topf vom Herd nehmen. Kurz vor dem Servieren den Zitronensaft nach Rezeptanweisung zusammen mit dem reduzierten Orangensaft und den Zesten unter die Hollandaise rühren. Mit Salz und Pfeffer abschmecken und sofort servieren.

Weiße Buttersauce mit Sahne

Beurre blanc à la crème

Wie alle weißen Buttersaucen muß auch diese mit erstklassiger, ungesalzener Butter zubereitet werden. Diese feine Sauce erfordert jedoch keinen großen Arbeitsaufwand und paßt sehr gut zu fast jedem pochierten Fisch.

FÜR 6 PERSONEN

Zubereitungszeit: 10 Minuten
Garzeit: etwa 15 Minuten

ZUTATEN:

100 ml Weißweinessig
60 g Schalotten, fein gehackt
2 EL Wasser
50 ml Crème double
200 g kalte Butter, gewürfelt
Salz und frisch gemahlener Pfeffer

Essig, Schalotten und Wasser in einen kleinen, schweren Topf geben und die Flüssigkeit bei schwacher Hitze um zwei Drittel einkochen. Die Sahne zugießen und die Flüssigkeit nochmals um ein Drittel reduzieren. Bei milder Hitze die kalte Butter in Stückchen mit einem Schneebesen oder einem Holzlöffel unterschlagen. Wichtig ist, daß die Sauce beim Aufschlagen konstant auf einer Temperatur von knapp 90 °C gehalten wird; sie darf auf keinen Fall kochen. Die fertige Sauce mit Salz und Pfeffer abschmecken und sofort servieren.

ROTE BUTTERSAUCE MIT SAHNE: Die Beurre rouge ist eine Abwandlung des Grundrezeptes. Statt Weißweinessig wird die gleiche Menge Rotweinessig verwendet.

Weiße Buttersauce mit Cidre

Beurre blanc au Cidre

*Ich serviere diese Sauce mit Vorliebe zu gegrillten Jakobs-
muscheln, zu pochierter Seezunge, zu geschmortem Steinbutt
oder Petersfisch, im Ofen gebraten und im ganzen auf den
Tisch gebracht.*

FÜR 6 PERSONEN

Zubereitungszeit: 10 Minuten
Garzeit: 15 Minuten

ZUTATEN:

80 ml Cidre-Essig
60 g Schalotten, fein gehackt
100 ml Cidre doux
50 g Tafeläpfel, vorzugsweise Cox Orange,
geschält und fein gerieben
250 g kalte Butter, gewürfelt
Salz und frisch gemahlener Pfeffer

Den Essig und die Schalotten in einen kleinen schweren Topf geben und die Flüssigkeit bei schwacher Hitze um die Hälfte einkochen. Den Cidre und den geriebenen Apfel hinzufügen und die Flüssigkeit erneut
um ein Drittel reduzieren. Bei schwacher Hitze die
Butter stückchenweise mit einem Schneebesen oder
einem kleinen Holzlöffel unterrühren. Die Buttersauce darf während des Aufschlagens nicht kochen,
sondern nur schwach sieden (um 90 °C). Die fertige
Sauce mit Salz und Pfeffer abschmecken und sofort
servieren oder gegebenenfalls ein paar Minuten im
Wasserbad warm halten.

*Weiße Buttersauce mit Cidre
zu Jakobsmuscheln.*

Weiße Buttersauce mit Champagner

Beurre blanc au Champagne

*Eine wundervolle Saucenkreation zu Geflügel wie pochiertem
Huhn oder Perlhuhn. Sie paßt aber auch sehr gut zu einem
pochierten ganzen Fisch wie einem Petersfisch oder einem
kleinen Steinbutt.*

FÜR 6 PERSONEN

Zubereitungszeit: 10 Minuten
Garzeit: etwa 20 Minuten

ZUTATEN:

50 ml Champagner-Essig
60 g Schalotten, fein gehackt
1 Zweig frischer Thymian
100 ml Champagner brut
60 g kleine Champignons, fein gewürfelt
250 g kalte Butter, gewürfelt
Salz und frisch gemahlener weißer Pfeffer

Essig, Schalotten und Thymian in einen kleinen
schweren Topf geben und die Flüssigkeit bei schwacher Hitze um die Hälfte einkochen. Den Champagner und die Pilze zugeben und auf kleiner Flamme
weiterkochen lassen, bis die Flüssigkeit erneut um die
Hälfte reduziert ist. Den Thymianzweig herausnehmen. Bei schwacher Hitze die Butter stückchenweise
unterschlagen. Wichtig ist, daß die Sauce nur schwach
siedet bei etwa 90 °C; sie darf während des Aufschlagens nicht kochen. Die Buttersauce mit Salz und Pfeffer abschmecken und sofort servieren oder gegebenenfalls ein paar Minuten im Wasserbad warm halten.

Die gehackten Paprika in den Topf geben und 15 Minuten sanft köcheln lassen.

Das Eigelb unter das fast erkaltete Püree rühren.

Paprika-Sabayon

Sabayon au poivron rouge

Diese pikante Sauce serviere ich zu pochierten Eiern auf Pilaw-Reis oder zu Blumenkohl und Spargel. Nicht minder köstlich schmeckt sie zu gegrilltem Fisch, insbesondere zu Escalopes von Lachs.

Der im Rezept angegebene Gemüsefond kann durch Geflügel- oder Fischfond ersetzt werden, je nachdem, wozu die Sauce gereicht wird.

FÜR 4 PERSONEN

Zubereitungszeit: 10 Minuten
Garzeit: etwa 25 Minuten

ZUTATEN:

300 g rote Paprikaschoten
200 ml Gemüsefond (s. S. 22)
1 kleiner Zweig frischer Thymian
4 Eigelb
60 g kalte Butter, gewürfelt
Salz und frisch gemahlener Pfeffer

Die Paprikaschoten längs halbieren und den Stielansatz, die Kerne und die weißlichen Rippen entfernen. Die Paprikahälften grob hacken, zusammen mit dem Fond und dem Thymian in einen kleinen Topf geben und 15 Minuten sanft köcheln lassen. Den Topfinhalt 1 Minute im Mixer pürieren. Das Püree durch ein feinmaschiges Spitzsieb in einen kleinen, sauberen Topf passieren und abkühlen lassen, dann das Eigelb unterrühren. Den Topf ins Wasserbad stellen und die Sauce schaumig aufschlagen. Die Butter stückchenweise unterschlagen, den Sabayon mit Salz und Pfeffer abschmecken und sofort servieren (Abbildung S. 106).

Rechts: Die Paprikaschoten längs halbieren.

Die Sauce schaumig aufschlagen.

Die Butter in Stückchen unter den Sabayon schlag

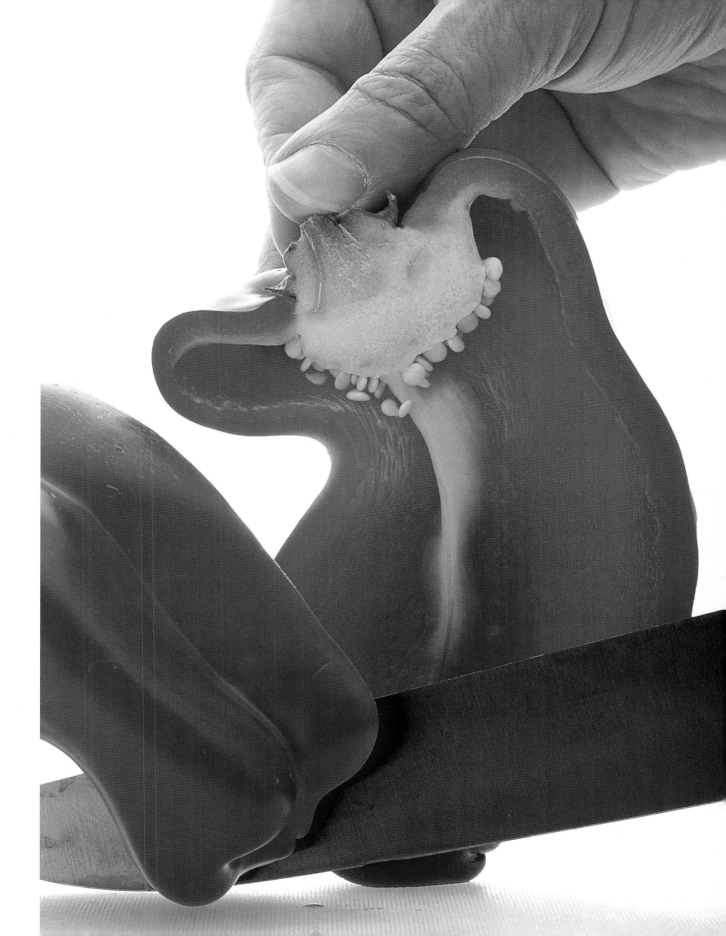

Béarnaise

Sauce béarnaise

Diese delikate Saucenkreation paßt besonders gut zu gegrilltem Steak oder einem Fleischfondue. Manchmal serviere ich sie auch ganz ohne Fleisch, einfach mit einer Scheibe Brot.

FÜR 6 PERSONEN

Zubereitungszeit: 20 Minuten
Garzeit: 12–15 Minuten

ZUTATEN:

2 EL Weißweinessig
3 EL kleingeschnittener Estragon
30 g Schalotten, fein gehackt
10 Pfefferkörner, zerdrückt
4 Eigelb
3 EL kaltes Wasser
250 g geklärte Butter, frisch zubereitet (s. S. 31),
auf Handwärme abgekühlt
2 EL kleingeschnittener Kerbel
Saft von ½ Zitrone
Salz und frisch gemahlener Pfeffer

Den Essig mit 2 EL Estragon, der Schalotte und den Pfefferkörnern in einem kleinen, schweren Topf verrühren und die Flüssigkeit bei schwacher Hitze um die Hälfte einkochen. Zum Abkühlen beiseite stellen.

Das Eigelb und das Wasser unter die erkaltete Reduktion rühren und die Masse dann auf kleiner Flamme mit einem Schneebesen 8 bis 10 Minuten aufschlagen. Darauf achten, daß der Schneebesen beim Schlagen Kontakt mit dem Topfboden hat. Beim Aufschlagen die Hitzezufuhr ganz allmählich erhöhen, die Sauce aber nicht heißer als 65 °C werden lassen.

Den Herd ausschalten und die geklärte Butter nach und nach unterschlagen. Die Sauce mit Salz und Pfeffer abschmecken und durch ein feinmaschiges Spitzsieb in einen sauberen Topf seihen. Den verbliebenen Estragon, den Kerbel und den Zitronensaft unterrühren und sofort servieren.

CHORON-SAUCE: Die Béarnaise mit 2 EL stark eingekochtem Tomaten-Coulis (s. S. 66) anreichern.

FOYOT-SAUCE: Die Béarnaise mit 2 EL Kalbs-demiglace (s. S. 16) abwandeln.

Paloise-Sauce

Sauce paloise

Diese Sauce wird wie die Béarnaise mit Kerbel, aber ohne Estragon und dafür mit frischer Minze zubereitet. Sie paßt sehr gut zu Lammfleisch vom Grill oder aus der Pfanne und ist ein fester Bestandteil der Speisekarte im »Waterside Inn«.

FÜR 6 PERSONEN

Zubereitungszeit: 20 Minuten
Garzeit: 12–15 Minuten

ZUTATEN:

1 Rezept Béarnaise (s. S. 124), ohne Estragon zubereitet
1 EL kleingeschnittene Minzeblätter

Die Béarnaise nach Rezeptanweisung zubereiten, aber den Estragon durch zwei Drittel der Minze ersetzen. Dann die Sauce durch ein feinmaschiges Spitzsieb streichen, den Zitronensaft, den Kerbel und die verbliebene Minze behutsam unterrühren. Sofort servieren.

Gegrillte Lammkoteletts mit Sauce paloise.

KAPITEL 8

Elfenbeinfarben, cremig weiß oder zart gelb – allein schon diese Farben lassen die hellen Saucen so appetitlich aussehen. Ihre Hauptbestandteile sind heller Geflügel- oder Lammfond (für dessen Zubereitung die Knochen oder Karkassen nicht gebräunt werden) oder Milch, oft auch unter Zugabe von etwas Sahne.

Helle Saucen

Helle Saucen werden meist mit einem Roux blanc oder blond, also der klassischen Mehlschwitze, oder mit Eigelb gebunden oder mit Butter aufgeschlagen und angereichert. Für zusätzliches Aroma sorgen Kräuter, Gewürze, Weißwein, Sherry oder andere würzende Zutaten.

Helle Saucen sollten immer leicht und elegant sein, und am besten serviert man dazu einen Saucenlöffel. Besonders delikat sind sie im Winter zu pochiertem oder gekochtem Huhn, zu hellem Fleisch, Innereien und den verschiedensten Fischgerichten. Die Königin der hellen Saucen ist zweifelsohne die Béchamelsauce, von der viele andere berühmte Saucen abstammen – eine so köstlich wie die andere –, doch die Béchamelsauce führt seit Jahrhunderten die Hitparade unseres kulinarischen Erbes an.

Makkaroni-Gratin mit Béchamelsauce.

Béchamelsauce

Sauce béchamel

Diese klassische weiße Sauce paßt zu einer Vielzahl von Ge-
richten. Wie Hollandaise, Mayonnaise oder Crème anglaise
gehört auch die Sauce béchamel zu den Grundsaucen, die sich
beliebig abwandeln lassen.

FÜR 4 PERSONEN

Zubereitungszeit: 5 Minuten
Garzeit: etwa 25 Minuten

ZUTATEN:

500 ml Milch
120 g Roux blanc (s. S. 33), abgekühlt
Frisch geriebene Muskatnuß
Salz und frisch gemahlener weißer Pfeffer

Die Béchamelsauce während
des Kochens ständig rühren.

Die Sauce mit etwas
Muskatnuß würzen.

Den abgekühlten Roux blanc in einen kleinen, möglichst schweren Topf geben. Die Milch in einem weiteren Topf aufkochen und mit einem Schneebesen oder
Holzspatel unter die Mehlschwitze rühren. Diese Mischung bei schwacher Hitze zum Kochen bringen und
dabei ständig weiterrühren. Sobald der Siedepunkt erreicht ist, die Hitzezufuhr reduzieren und die Sauce
etwa 20 Minuten unter Rühren sanft köcheln lassen.

Die Sauce mit Salz, weißem Pfeffer und etwas Muskatnuß abschmecken, dann durch ein Spitzsieb absie-
hen. Die Sauce danach entweder sofort servieren oder
im Wasserbad warm halten. In diesem Fall einige Butterflöckchen auf der Oberfläche der warmen Sauce
verteilen, damit sich keine Haut bildet.

Luftdicht verschlossen hält sich die Béchamelsauce
im Kühlschrank maximal 4 Tage.

KLASSISCHE BÉCHAMELSAUCE: Diese Variante
wird mit Kalbfleisch zubereitet. Dafür 75 g gewürfeltes
Kalbfleisch, 30 g gehackte Zwiebeln, 1 Zweig Thymian
und ein Lorbeerblatt in 30 g Butter andünsten (1). In
einem weiteren Topf eine Béchamelsauce nach dem
Grundrezept herstellen (2 und 3). Sobald die Sauce
den Siedepunkt erreicht, Kalbfleisch und Zwiebeln
hinzufügen (4) und wie oben beschrieben fortfahren.

Die fertige Sauce wird durch
ein Sieb passiert.

Butterflöckchen auf der Ober-
fläche der warmen Sauce ver-
hindern, daß sich eine Haut
bildet.

Kokos-Chili-Sauce

Sauce à la noix de coco et aux piments

*Diese pikant-würzige Sauce serviert man am besten zu
Bandnudeln oder pochiertem Fisch mit festem weißem Fleisch.*

FÜR 8 PERSONEN

Zubereitungszeit: 10 Minuten
Garzeit: 25 Minuten

ZUTATEN:

30 g Butter, 25 g Mehl
400 ml Kokosmilch aus der Dose
Frisch geriebene Muskatnuß
Salz und frisch gemahlener Pfeffer
2 Knoblauchzehen, zerdrückt oder fein gehackt
1 EL Sojasauce
100 g Butter
10 g kleine scharfe rote Chilischoten,
entkernt und fein gehackt
20 g scharfe grüne Jalapeño-Chillies,
entkernt und fein gehackt
250 g kleine geschälte Garnelen oder Riesengarnelen
(nach Belieben)

*Die gehackten Chillies zur gebräunten
Butter geben.*

Zuerst die Béchamelsauce zubereiten. Dafür 30 g Butter in einem kleinen Topf zerlassen, das Mehl unterrühren und unter kräftigem Rühren mit einem
Schneebesen 2 Minuten auf kleiner Flamme andünsten. Die Kokosmilch zugießen, aufkochen lassen,
dann sofort mit Muskat, Salz und Pfeffer würzen und
20 Minuten unter ständigem Rühren sanft köcheln.
Den Topf vom Herd nehmen und die Sojasauce und
den Knoblauch unterrühren.

In einem anderen kleinen Topf 100 g Butter langsam erhitzen, bis sie goldbraun geworden ist und ein
nussiges Aroma angenommen hat. Die gehackten
Chillies hinzufügen und kurz darin schwenken, dann
die Mischung zur Kokos-Béchamel geben und zu einer glatten Sauce verrühren. Gegebenenfalls die Sauce
mit Salz und Pfeffer abschmecken und zum Schluß,
falls gewünscht, die Garnelen unterrühren. Die Sauce
heiß servieren.

*Die Mischung unter die
Kokos-Béchamel rühren.*

*Alles gut vermischen und
zuletzt die Garnelen
(nach Belieben) zugeben.*

Aurorasauce

Sauce Aurore

Scheiben von hartgekochten Eiern, übergossen mit dieser köstlichen Tomatensauce und anschließend gratiniert, sind ein echter Leckerbissen. Die zartrosa Sauce paßt auch ausgezeichnet zu pochierten Eiern, Nudelgerichten aller Art, Blumenkohl oder gegrillten Putenschnitzeln. Wer mag, ersetzt die Béchamelsauce durch eine Geflügel-Velouté (s. S. 132).

FÜR 6 PERSONEN

Zubereitungszeit: 5 Minuten
Garzeit: etwa 15 Minuten

ZUTATEN:

300 ml Béchamelsauce (s. S. 128)
100 ml Crème double
100 ml Tomaten-Coulis (s. S. 66)
20 g kalte Butter, gewürfelt
Salz und frisch gemahlener Pfeffer oder
geriebene Muskatnuß

Die Béchamelsauce mit der Sahne in einem Topf verrühren und bei schwacher Hitze unter ständigem Rühren aufkochen. Die Sauce 5 Minuten sanft köcheln lassen, dann den Tomaten-Coulis zugeben, erneut aufkochen und weitere 5 Minuten unter ständigem Rühren köcheln lassen. Den Herd ausschalten und die Butter stückchenweise unterrühren. Die Sauce mit Salz und Pfeffer oder Muskatnuß abschmecken, durch ein feinmaschiges Spitzsieb seihen und sofort servieren.

Englische Brotsauce

Bread Sauce

Die ideale Sauce zu gebratenem Huhn oder Truthahn, die auch vorzüglich zu gebratenem Fasan oder Waldhuhn paßt.

FÜR 4 PERSONEN

Zubereitungszeit: 5 Minuten
Garzeit: etwa 1 Stunde

ZUTATEN:

20 g Butter
60 g Zwiebeln, gehackt
400 ml Milch
1 ganze oder $1/2$ Zwiebel (etwa 60 g),
gespickt mit 2 Gewürznelken
80 g Weißbrot ohne Kruste, in Würfel geschnitten
50 ml Crème double
Salz und frisch gemahlener weißer Pfeffer

Die Butter in einem kleinen Topf zerlassen, die gehackten Zwiebeln hinzufügen und 1 Minute auf kleiner Flamme andünsten. Mit der Milch aufgießen, die gespickte Zwiebel zugeben und 20 Minuten bei etwa 90 °C köcheln lassen. Die Brotwürfel unterrühren und alles zum Kochen bringen. Die Temperatur herunterschalten und die Sauce 30 Minuten sanft köcheln lassen, dabei gelegentlich mit einem Holzlöffel umrühren. Die gespickte Zwiebel entfernen, die Sahne zugießen und die Sauce weitere 5 Minuten unter behutsamem Rühren köcheln lassen. Die Sauce mit Salz und Pfeffer abschmecken und heiß servieren.

Albuferasauce

Sauce Albufera

Geflügel, Bries oder pochierte Kalbszunge vertragen üppige Saucen wie diese.

FÜR 6 PERSONEN

Zubereitungszeit: 5 Minuten

ZUTATEN:

500 ml kochendheiße Geflügel-Velouté (s. S. 132)
150 ml Kalbs-demi-glace (s. reduzierter Kalbsfond, S. 16)
50 ml Trüffelfond, frisch oder aus der Dose
(nach Belieben)
Salz und Cayennepfeffer

Die Kalbs-demi-glace und gegebenenfalls den Trüffelfond unter die kochende Geflügel-Velouté rühren. Die Sauce mit Salz und Cayennepfeffer abschmecken und sofort servieren.

Geflügel-Velouté

Velouté de volaille

Diese Velouté kann auch als Basis für andere helle Saucen verwendet werden, wenn man sie ohne Sherry zubereitet. Ich mag sie, so wie sie ist, nach dem Grundrezept gekocht, und serviere sie meist zu pochiertem Geflügel auf Reis oder zu kurz überbratenem Kalbsbries, garniert mit Blattspinat.

FÜR 6 PERSONEN

Zubereitungszeit: 5 Minuten
Garzeit: etwa 30 Minuten

ZUTATEN:

60 g heißer Roux blanc (s. S. 33)
750 ml kalter Geflügelfond (s. S. 18)
50 ml trockener Sherry (nach Belieben)
Salz und frisch gemahlener weißer Pfeffer

Den heißen Roux blanc in einen Topf geben und mit dem kalten Geflügelfond aufgießen. Bei mittlerer Hitze unter kräftigem Rühren zum Kochen bringen. Die Temperatur herunterschalten und die Velouté 30 Minuten sanft köcheln lassen, dabei alle 10 Minuten die Sauce umrühren und abschäumen. Den Sherry zugießen und 1 Minute weiterkochen. Die Sauce mit Salz und Pfeffer abschmecken und durch ein feinmaschiges Spitzsieb abseihen.

Albert-Sauce

Sauce Albert

Zur Freude unserer Stammgäste wird die Albert-Sauce, eine der legendären Saucen der Gebrüder Roux, zum Pot au feu und zu Schnitzeln aus der Kalbsnuß, zu Hachse und Rippenstück vom Kalb gereicht. Sie schmeckt auch vorzüglich zu Kaninchenbraten.

FÜR 4 PERSONEN

Zubereitungszeit: 15 Minuten
Garzeit: etwa 50 Minuten

ZUTATEN:

300 ml Geflügelfond (s. S. 18)
oder Brühe vom Pot au feu
150 g Meerrettich, frisch gerieben
300 ml Crème double
50 g frisches Weißbrot ohne Kruste, fein gewürfelt
1 Eigelb
1 TL englisches Senfpulver, aufgelöst in
1 EL kaltem Wasser
Salz und frisch gemahlener weißer Pfeffer

Den Geflügelfond oder die Fleischbrühe mit dem Meerrettich in einen kleinen Topf geben und bei mittlerer Hitze 15 Minuten kochen. Die Sahne zugießen und weitere 20 Minuten sanft köcheln lassen. Die Sauce in einen Mixer geben und 1 Minute aufschlagen (gegebenenfalls in 2 Portionen), dann die Sauce durch ein feinmaschiges Sieb in einen sauberen Topf abseihen.

Die Brotwürfel zugeben und die Sauce auf kleiner Flamme unter ständigem Rühren 10 Minuten köcheln lassen. Den Herd ausschalten, das Eigelb und das aufgelöste Senfpulver vorsichtig unterrühren und dann die Sauce mit einem Schneebesen kräftig durchschlagen, bis sie glatt und glänzend ist. Die Sauce mit Salz und Pfeffer abschmecken und sofort servieren oder im Wasserbad warm halten; sie darf aber nicht mehr kochen.

Senfsauce mit Weißwein

Sauce moutarde au vin blanc

Diese vielseitig verwendbare Sauce schmeckt sehr gut zu gebratenem Geflügel oder hellem Fleisch und wird dann mit Geflügelfond zubereitet. Als Beilage zu pochiertem oder geschmortem – vorzugsweise festfleischigem – Fisch nimmt man Fischfond als Saucenbasis.

FÜR 4 PERSONEN

Zubereitungszeit: 10 Minuten
Garzeit: etwa 40 Minuten

ZUTATEN:

30 g Butter
80 g kleine Champignons, feinblättrig geschnitten
60 g Schalotten, fein gehackt
1 Prise Currypulver
1 EL Cognac oder Armagnac
200 ml trockener Weißwein
1 kleines Bouquet garni (s. S. 10)
200 ml Fischfond (s. S. 21) oder Geflügelfond (s. S. 18)
300 ml Crème double
1 TL englisches Senfpulver, aufgelöst in wenig Wasser
2 EL körniger Senf
Salz und frisch gemahlener Pfeffer

Die Pilze werden in er Butter angedünstet.

Den Cognac und en Wein zugießen.

Die Butter in einem Topf zerlassen, die Pilze und die Schalotten hinzufügen und 1 Minute andünsten. Das Currypulver unterrühren und Cognac und Wein zugießen. Zum Kochen bringen, das Bouquet garni hinzufügen und die Flüssigkeit um ein Drittel reduzieren. Mit dem Fisch- oder Geflügelfond aufgießen, 5 Minuten köcheln lassen, dann die Sahne und das aufgelöste Senfpulver zugeben und die Sauce sämig einkochen, bis sie leicht am Löffel haftet. Das Kräutersträußchen herausnehmen, die Sauce mit Salz und Pfeffer abschmecken und durch ein feinmaschiges Spitzsieb passieren. Zum Schluß den körnigen Senf unterrühren und die Sauce sofort servieren.

Die Sauce sämig einkochen, so daß sie am Löffel haftet.

Den körnigen Senf unterrühren.

Petersiliensauce

Sauce au persil

Diese Sauce besticht durch ihre Einfachheit und ihren wunderbaren Geschmack, vor allem, wenn sie mit der Garflüssigkeit eines Kochschinkens zubereitet und anschließend zu dem Schinken serviert wird. Sie paßt auch sehr gut zu gekochtem Rosenkohl, zu Möhren und Kartoffeln.

Sie können diese leichte Sauce natürlich mit Sahne oder Butter anreichern, ich bevorzuge allerdings das fettärmere ursprüngliche Rezept. Da die Sauce nicht so üppig ist, kann man eine größere Menge davon vertragen.

FÜR 4 PERSONEN

Zubereitungszeit: 5 Minuten
Garzeit: etwa 20 Minuten

ZUTATEN:

350 ml Garflüssigkeit von einem gekochten Schinken oder
Geflügelfond (s. S. 18)
150 ml Milch
40 g kalter Roux blanc (s. S. 33)
2 EL gehackte Petersilie
1 Prise frisch geriebene Muskatnuß
Salz und frisch gemahlener weißer Pfeffer

Die Garflüssigkeit des Schinkens oder den Geflügelfond mit der Milch zum Kochen bringen. Die kalte Mehlschwitze in einen Topf geben und mit der heißen Flüssigkeit aufgießen, dabei ständig mit dem Schneebesen rühren. Bei schwacher Hitze unter Rühren kurz aufkochen lassen, die Petersilie zugeben und 15 Minuten sanft köcheln, gegebenenfalls die Sauce zwischendurch abschäumen. Mit Salz, Pfeffer und Muskat abschmecken und sehr heiß servieren.

Gekochter Schinken mit Petersiliensauce.

Geflügelrahmsauce mit Sherry

Sauce suprême au sherry

Zugegeben, die klassische Geflügelrahmsauce wird zwar ohne Sherry zubereitet, aber der Alkohol gibt ihr das gewisse Etwas, das ich so liebe. Diese herrlich glatte, cremige Sauce schmeckt fein und würzig. Servieren Sie sie zu pochiertem Geflügel, Pilz-Timbalen und Bries, geschmortem Salat oder dünnen Kalbsschnitzeln aus der Pfanne. Zum Anreichern der Sauce ist erstklassige Butter unerläßlich.

FÜR 4 PERSONEN

Zubereitungszeit: 5 Minuten
Garzeit: etwa 10 Minuten

ZUTATEN:

250 ml kochende Geflügel-Velouté (s. S. 132)
50 g kleine Champignons, feinblättrig geschnitten
50 ml Crème double
30 g kalte Butter, gewürfelt
4 EL trockener Sherry
Salz und frisch gemahlener Pfeffer

Die kochendheiße Geflügel-Velouté in einen Topf gießen und Pilze und Sahne hinzufügen. Auf kleiner Flamme 10 Minuten köcheln lassen, dabei hin und wieder mit einem Holzlöffel umrühren.

Die Mischung durch ein feinmaschiges Sieb in einen sauberen Topf passieren und bei schwacher Hitze die kalte Butter stückchenweise unterschlagen. Den Herd ausschalten, den Sherry unterrühren, die Sauce mit Salz und Pfeffer abschmecken und sofort servieren.

Kapernsauce
mit Sardellen

Sauce aux câpres au parfum d'anchois

Eine kräftige, ausdrucksstarke Sauce, die vor allem nährstoffreiche und teils deftige Innereien wie Hirn, Bries, Kaldaunen oder auch Kalbskopf geschmacklich sehr gut ergänzt.

FÜR 8 PERSONEN

Zubereitungszeit: 5 Minuten
Garzeit: 15 Minuten

ZUTATEN:

500 ml Geflügel-Velouté (s. S. 132)
1 Bouquet garni (s. S. 10) mit 2 Zweigen Bohnenkraut
100 ml trockener Weißwein
100 ml Crème double
60 g kalte Sardellenbutter (s. S. 57)
30 g kleine Kapern (große Kapern hacken), gut abgetropft
2 Sardellenfilets, fein gewürfelt
Salz und Cayennepfeffer

Die Velouté in einem Topf zum Kochen bringen, das Bouquet garni und den Weißwein zugeben und auf kleiner Flamme 10 Minuten kochen. Die Sahne zugießen und weitere 5 Minuten köcheln lassen. Die Sauce sollte leicht sämig sein und am Löffel haften. Falls sie zu dünnflüssig ist, die Flüssigkeit auf stärkster Flamme noch ein paar Minuten einkochen. Dann auf kleinster Flamme die Sardellenbutter stückchenweise unterschlagen und die Sauce durch ein feinmaschiges Sieb in einen sauberen Topf abseihen. Mit Cayennepfeffer und wenig Salz abschmecken, die Kapern und die Sardellenwürfel unterrühren und die Sauce sofort servieren.

Champagnersauce
mit Morcheln

Sauce Champagne aux morilles

Diese edle und ein wenig üppige Sauce sollte besonderen Anlässen vorbehalten bleiben. Sie paßt zum Beispiel sehr gut zu pochiertem Kapaun.

FÜR 8 PERSONEN

Zubereitungszeit: 10 Minuten
Garzeit: 45 Minuten

ZUTATEN:

75 g frische Morcheln oder 30 g getrocknete Morcheln,
1 Stunde in kochendem Wasser eingeweicht
400 ml Geflügel-Velouté (s. S. 132)
200 ml Champagner brut
200 ml Crème double
80 g Foie-Gras-Butter (s. S. 63)
Salz und frisch gemahlener weißer Pfeffer

Die frischen Morcheln zunächst gründlich säubern. Die Stiele glattschneiden, die Pilze halbieren, Sand und Schmutzpartikel in kaltem Wasser auswaschen und anschließend die Pilze behutsam mit einem Geschirrtuch trockentupfen. Getrocknete Morcheln 1 Stunde in kochendheißem Wasser einweichen, abspülen und gut abtropfen lassen, dann wie oben beschrieben fortfahren.

Die Geflügel-Velouté und drei Viertel der Champagnermenge in einen Topf geben und bei mittlerer Hitze 20 Minuten kochen. Die Sahne und die vorbereiteten Morcheln in einen zweiten Topf geben und bei mittlerer Hitze aufkochen, 5 Minuten kochen lassen, dann die Mischung in den Topf mit der Geflügel-Velouté geben. Auf kleiner Flamme 15 Minuten kochen lassen, falls nötig, die Oberfläche mit einem Löffel abschäumen.

Den restlichen Champagner zugießen und die Sauce 2 Minuten sanft köcheln lassen. Den Herd ausschalten und die Foie-Gras-Butter stückchenweise mit einem Holzlöffel unterrühren. Die Sauce mit Salz und weißem Pfeffer abschmecken und sofort servieren.

Kaninchen mit Sauerampfersauce.

Sauerampfersauce

Sauce à l'oseille

Ihr angenehm säuerlicher Charakter und ihre Frische machen diese Sauce, übrigens eine Lieblingssauce meiner Mutter, zum idealen Begleiter von Lammkoteletts aus der Pfanne oder einem Kaninchenrücken aus dem Ofen. Ein paar zerpflückte Minzeblätter, kurz vor dem Servieren hinzugefügt, verstärken den Sauerampfergeschmack und runden die Sauce wunderbar ab.

FÜR 6 PERSONEN

Zubereitungszeit: 5 Minuten
Garzeit: etwa 20 Minuten

ZUTATEN:

60 g Sauerampfer
30 g Butter
40 g Schalotten, fein gehackt
100 ml Weißwein
200 ml Gemüsefond (s. S. 22)
200 ml Crème double
Salz und frisch gemahlener Pfeffer

Den Sauerampfer verlesen, waschen und die Stiele abschneiden. Jeweils mehrere Blätter übereinanderlegen, wie eine Zigarre aufrollen und die Blätter in feine Streifen schneiden. Diesen Vorgang so oft wiederholen, bis alle Blätter aufgebraucht sind. Die Butter in einer Pfanne zerlassen, die Schalotten hinzufügen und auf kleiner Flamme 30 Sekunden andünsten, dann den feingeschnittenen Sauerampfer zugeben und ebenfalls 1 Minute andünsten. Mit dem Wein und dem Fond aufgießen und die Flüssigkeit um zwei Drittel einkochen. Die Sahne zugießen und 2 Minuten köcheln lassen, bis die Sauce leicht sämig ist. Mit Salz und Pfeffer abschmecken und sofort servieren.

Zwiebelsauce

Sauce Soubise

Diese Sauce schmeckt besonders gut im Winter. Sie paßt beispielsweise zu einem gebratenen Rippen- oder Lendenstück vom Kalb und zu einem gebratenen Huhn oder Perlhuhn. Sie läßt sich leicht im voraus zubereiten und wird kurz vor dem Servieren einfach im Wasserbad erhitzt.

FÜR 4 PERSONEN

Zubereitungszeit: 5 Minuten
Garzeit: 25 Minuten

ZUTATEN:

40 g Butter
200 g Zwiebeln, in dünne Ringe geschnitten
1 Rezept Béchamelsauce (s. S. 128)
150 ml Crème double
Frisch geriebene Muskatnuß
Salz und frisch gemahlener Pfeffer

Die Butter in einem Topf zerlassen, die Zwiebeln zugeben und 5 Minuten unter Rühren mit einem Holzlöffel andünsten, ohne daß die Zwiebeln Farbe annehmen. Die Béchamelsauce hinzufügen, bei schwacher Hitze zum Kochen bringen und 10 Minuten sanft köcheln, dabei behutsam mit dem Löffel umrühren.

Die Sauce durch ein feinmaschiges Sieb in einen sauberen Topf gießen und die weichen Zwiebeln mit einem großen Holzstößel oder mit der Rückseite einer kleinen Kelle durch das Sieb passieren. Die Sahne zugießen und 6 bis 8 Minuten unter ständigem Rühren sanft köcheln lassen, bis die Sauce cremig ist. Mit Muskatnuß, Salz und Pfeffer abschmecken und heiß servieren.

Falsche Buttersauce

Sauce bâtarde

Die auch als »Bastardsauce« bezeichnete Sauce, für die eine weiße Mehlschwitze mit Wasser gekocht wird, bekommt erst durch die Eigelbbindung und durch erstklassige Butter ihren feinen Geschmack. Man serviert sie zu pochiertem Fisch und Spargel oder zu gekochtem Gemüse.

FÜR 8 PERSONEN

Zubereitungszeit: 10 Minuten
Garzeit: etwa 2 Minuten

ZUTATEN:

50 g kalter Roux blanc (s. S. 33)
500 ml kochendes Wasser
120 g kalte Butter, gewürfelt
Salz und 1 Prise Cayennepfeffer

FÜR DIE BINDUNG DER SAUCE:

3 Eigelb, verquirlt mit dem Saft von $^1/_2$ Zitrone und
2 EL Crème double

Den kalten Roux blanc in einen Topf geben, mit dem kochenden Wasser übergießen und mit einem Schneebesen verrühren. Bei starker Hitze unter ständigem Rühren zum Kochen bringen und 2–3 Minuten kochen, dann den Herd ausschalten und das verquirlte Eigelb unterrühren. Die Sauce durch ein feinmaschiges Spitzsieb in einen sauberen Topf abseihen und die kalte Butter stückchenweise unterschlagen. Die Sauce mit Salz und Cayennepfeffer abschmecken und sofort servieren.

Mornay-Sauce

Sauce Mornay

Mit dieser Käsesauce kann man pochierte Eier, Fisch und Gemüse oder helles Fleisch nappieren und dann im Grill oder im Ofen goldbraun gratinieren. Makkaroni ergeben mit dieser Sauce ein köstliches Gratin.

FÜR 4 PERSONEN

Zubereitungszeit: 5 Minuten
Garzeit: etwa 2 Minuten

ZUTATEN:

1 Rezept kochendheiße Béchamelsauce (s. S. 128)
50 ml Crème double, verquirlt mit 3 Eigelb
100 g Emmentaler, Gruyère oder Cheddar, fein gerieben
Salz und frisch gemahlener Pfeffer

Die Eigelbmischung in die kochendheiße Béchamelsauce geben und 1 Minute unter kräftigem Rühren köcheln lassen. Den Herd ausschalten und den geriebenen Käse mit einem Holzlöffel unterrühren. Die Sauce mit Salz und Pfeffer abschmecken.

Weiße Bordelaiser Sauce oder Bonnefoy-Sauce

Sauce bordelaise blanche ou Bonnefoy

Diese kräftige, aber nicht zu dominante Sauce paßt sehr gut zu Fischen mit dezentem Aroma, zum Beispiel zu Merlan, Limande, Zuchtforelle oder Dornhai.

FÜR 4 PERSONEN

Zubereitungszeit: 5 Minuten
Garzeit: etwa 30 Minuten

ZUTATEN:

300 ml trockener Weißwein
30 ml Cognac
60 g Schalotten, fein gehackt
1 Bouquet garni (s. S. 10)
400 ml Fisch-Velouté (s. S. 21)
40 g kalte Butter, gewürfelt
1 EL kleingeschnittene Estragonblätter
Salz und frisch gemahlener Pfeffer

Den Wein mit dem Cognac, den Schalotten und dem Bouquet garni in einen Topf geben und die Flüssigkeit bei starker Hitze auf ein Drittel reduzieren. Die Fisch-Velouté zugießen und die Sauce 20 Minuten sanft köcheln lassen, falls nötig, hin und wieder abschäumen. Die Sauce durch ein feinmaschiges Spitzsieb in einen sauberen Topf abseihen, dann die Butter stückchenweise unterschlagen. Die Sauce mit Salz und Pfeffer abschmecken, den Estragon unterrühren und sofort servieren.

Allemande oder Deutsche Sauce

Sauce allemande

Diese leichte, seidig zarte Sauce hat ein volles Aroma und harmoniert gut mit pochiertem Geflügel und Innereien wie Hirn oder Bries.

FÜR 6 PERSONEN

Zubereitungszeit: 5 Minuten
Garzeit: 35 Minuten

ZUTATEN:

60 g Schalotten, fein gehackt
100 ml trockener Weißwein
10 weiße Pfefferkörner, zerdrückt
1 Bouquet garni (s. S. 10) mit
1 Zweig Bohnenkraut
500 ml Geflügelfond (s. S. 18)
100 g kleine Champignons, in Scheiben geschnitten
200 ml Crème double
Salz und frisch gemahlener weißer Pfeffer

FÜR DIE BINDUNG DER SAUCE:

100 ml Schlagsahne, leicht geschlagen und mit 3 Eigelb
und dem Saft von 1 Zitrone verquirlt

Die Schalotten mit dem Weißwein, den Pfefferkörnern und dem Bouquet garni in einen Topf geben und die Flüssigkeit bei mittlerer Hitze um zwei Drittel einkochen. Den Geflügelfond und die Pilze zugeben und die Flüssigkeit nochmals um die Hälfte einkochen. Die Sahne zugießen und die Sauce köcheln lassen, bis sie dicklich wird (etwa 5 Minuten).

Das verquirlte Eigelb kräftig unterrühren. Den Herd ausschalten, die Sauce mit Salz und Pfeffer abschmecken, durch ein feinmaschiges Sieb passieren und sofort servieren.

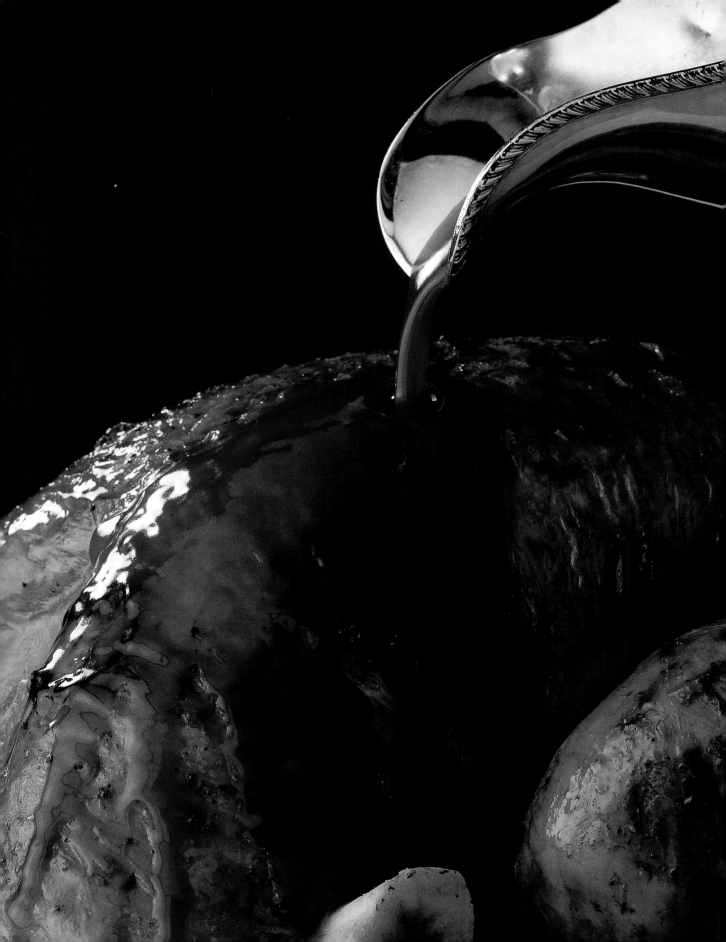

KAPITEL 9

Bis in die 60er Jahre hinein war die Sauce espagnole die meistverwendete und bekannteste braune Sauce, sozusagen der Star unter den klassischen Saucen, der den Ruf der französischen Küche seit Generationen begründete. Diese Sauce herrschte souverän in den Küchen der Paläste, Hotels und Sterne-Restaurants, wo sie als Basis oder Grundbestandteil für andere Saucen verwendet wurde, die dann oft sehr üppig und überladen ausfielen.

Dunkle Saucen

Die Zubereitung dieser Sauce ist heute nicht mehr zeitgemäß, denn sie ist außerordentlich aufwendig, was die Zutaten und die Arbeitszeit betrifft. An die zwanzig Stunden sind für die zwei Garstadien erforderlich: Zuerst muß ein dunkler Fond gekocht werden und dann erst die eigentliche Espagnole.

Ich erinnere mich noch gut an meine Lehrzeit, als ich dem Saucenkoch zugeteilt war und die einfachsten Aufgaben zu erledigen hatte: stündlich den Fond abschäumen, um alle Unreinheiten zu entfernen, die den Geschmack beeinträchtigen könnten, und nachher eine kristallklare Sauce zu erhalten. Mein noch jugendliches Gesicht spiegelte sich in einem riesigen Suppentopf in der kochenden Flüssigkeit, anfangs noch verschwommen, dann zunehmend klarer, je länger der Fond vor sich hin kochte.

In den vergangenen dreißig Jahren hat der Kalbsfond die Espagnole aus meiner Küche verdrängt. Ich bereite ihn ohne Bindemittel zu, so daß es im Grunde genommen ein heller Kalbsfond ist, der mir als Basis für viele meiner dunklen Saucen dient, sie samtig, fein und ausgewogen macht, ohne ihren charakteristischen Eigengeschmack zu überdecken. Sofern es paßt, verwende ich für dunkle Saucen auch Lamm-, Hühner- oder Entenfond, um den Geschmack des Gerichts, zu dem sie gereicht werden, zu verstärken. Dunkle Saucen gehören zu meinen Lieblingssaucen. Sie sind in der Regel kräftig, gehaltvoll und edel und zergehen auf der Zunge. Ich liebe ihre warmen, schimmernden Farben, die von einem hellen, matten Gold bis zu einem tiefen Violettbraun reichen.

Gebratener Truthahn mit Bukanier-Sauce.

Bukanier-Sauce oder Büffeljägersauce

Sauce boucanière

Im »Waterside Inn« reiche ich diese Sauce zu Kalbskoteletts mit in Butter gebratenen Bananenscheiben. Die Sauce und die Garnitur passen aber auch gut zu gebratenem Geflügel wie Huhn oder Truthahn und zu Kalbsbraten.

FÜR 8 PERSONEN

Zubereitungszeit: 5 Minuten
Garzeit: etwa 25 Minuten

ZUTATEN:

40 g frischer Ingwer
60 g Schalotten oder kleine Zwiebeln
100 g Butter
1 Banane
6 EL Himbeeressig, selbstgemacht (s. S. 44) oder gekauft
400 ml Kalbsfond (s. S. 16)
Salz und frisch gemahlener Pfeffer

Den Ingwer schälen und reiben oder fein hacken. Die Schalotten oder Zwiebeln schälen, waschen und in dünne Ringe schneiden. Die Banane schälen und in Scheiben schneiden.

Die Hälfte der Butter in einem Topf zerlassen, die Schalotten- oder Zwiebelringe zugeben und bei mittlerer Hitze 1 Minute andünsten. Den Ingwer hinzufügen und unter ständigem Rühren mit einem Holzspatel leicht bräunen. Die Bananenscheiben zugeben und auf kleiner Flamme 2 Minuten dünsten, dabei ständig weiterrühren. Sobald die Bananenscheiben weich werden und fast zerfallen, den Himbeeressig zugießen und weitere 2 Minuten unter Rühren köcheln lassen.

Mit dem Kalbsfond aufgießen und die Sauce 20 Minuten sanft köcheln, dann durch ein Spitzsieb in einen sauberen Topf seihen. Die verbliebene Butter stückchenweise unterschlagen, bis die Sauce glatt und glänzend ist. Mit Salz und Pfeffer abschmecken.

Hühner-Jus mit Thymian

Jus de poulet au thym

Dies ist eine besonders leichte und doch aromatische Sauce zu gebratenem Geflügel, die aber auch gut zu frischen Nudeln, Schwarzwurzeln auf Müllerin-Art, Blattspinat oder geschmortem Chicorée paßt.

FÜR 6 PERSONEN

Zubereitungszeit: 15 Minuten
Garzeit: 45–60 Minuten

ZUTATEN:

3 EL Erdnußöl
1 kg Hühnerflügel, grob zerteilt
100 g Möhren, gehackt
100 g Zwiebeln, gehackt
200 ml trockener Weißwein
1 l kaltes Wasser
5 Wacholderbeeren, zerdrückt
1 Knoblauchzehe, zerdrückt
25 g frischer Thymian
Salz und frisch gemahlener Pfeffer

Das Öl in einer Pfanne erhitzen, die Hühnerflügel hineinlegen und bei starker Hitze goldbraun anbraten, zwischendurch hin und wieder mit einem Holzlöffel wenden. Das Öl und das ausgebratene Hühnerfett abgießen, dann die Möhren und die Zwiebeln zugeben und 3 Minuten andünsten. Den Weißwein zugießen und die Flüssigkeit um die Hälfte einkochen. Die verbliebenen Zutaten hinzufügen (mit Salz und Pfeffer möglichst sparsam umgehen) und die Sauce 45 Minuten sanft köcheln lassen, dabei immer wieder den Schaum abschöpfen. Anschließend die Sauce durch ein Spitzsieb passieren und servieren. Falls ein kräftigeres Aroma erwünscht ist, die Sauce bei mittlerer Hitze noch etwas einkochen lassen.

Luftdicht verschlossen kann die Sauce mehrere Tage im Kühlschrank aufbewahrt werden. Tiefgefroren hält sie sich sogar wochenlang.

Jägersauce

Sauce chasseur

Diese leichte und zugleich pikante, würzige Sauce ist schnell zubereitet und paßt sehr gut zu Geflügel und Kalbfleisch.

FÜR 8 PERSONEN

Zubereitungszeit: 10 Minuten
Garzeit: etwa 20 Minuten

ZUTATEN:

200 g kleine Champignons
100 g Butter
40 g Schalotten, fein gehackt
400 ml trockener Weißwein
400 ml Kalbsfond (s. S.16)
1 EL kleingeschnittene glatte Petersilie
1 TL kleingeschnittener Estragon
Salz und frisch gemahlener schwarzer Pfeffer

Die Pilze mit einem feuchten Tuch säubern und in dünne Scheiben schneiden. Die Hälfte der Butter in einem flachen Topf erhitzen, die feinblättrig geschnittenen Pilze zugeben und 1 Minute bei mittlerer Hitze sautieren. Die Schalotten hinzufügen und 1 Minute andünsten; sie dürfen nicht bräunen.

Die Pilz-Schalotten-Mischung in ein feinmaschiges Spitzsieb geben, damit die Butter abtropfen kann. Anschließend die Mischung zurück in den Topf geben, mit dem Wein aufgießen und die Flüssigkeit bei mittlerer Hitze um die Hälfte reduzieren. Den Kalbsfond zugießen und 10 bis 15 Minuten sanft köcheln, bis die Sauce leicht sämig ist und am Löffelrücken haftet.

Den Topf vom Herd nehmen und die verbliebene Butter und die kleingeschnittenen Kräuter unterrühren. Die Sauce mit Salz und Pfeffer abschmecken.

Huhn mit Jägersauce.

Trüffelsauce

Sauce Périgueux

Diese edle Sauce schmeckt sehr gut zu heißen Pastetchen oder kleinen gefüllten Teigtaschen, zu Tournedos oder Lammrücken aus der Pfanne und natürlich zu Nudeln. Noch üppiger wird die Sauce, wenn man kurz vor dem Servieren 50 g Foie-Gras-Butter (s. S. 63) unterschlägt und dafür die im Rezept angegebene kalte Butter wegläßt.

Anstelle der gehackten Trüffeln können Sie in feine Scheiben geschnittene oder zu Oliven »geschnitzte« Trüffeln verwenden. Die Sauce wird dann als »Périgourdine« bezeichnet.

Der Saft von frisch gekochten oder konservierten Trüffeln gibt der Sauce Aroma.

FÜR 6 PERSONEN

Zubereitungszeit: 5 Minuten
Garzeit: etwa 30 Minuten

ZUTATEN:

400 ml Kalbsfond (s. S. 16)
50 ml Trüffelfond von konservierten Trüffeln oder
vorzugsweise die Kochflüssigkeit von frischen Trüffeln
30 g Trüffeln, fein gehackt
40 g kalte Butter, gewürfelt
Salz und frisch gemahlener Pfeffer

Den Kalbsfond in einem kleinen Topf bei mittlerer Hitze leicht sämig einkochen (1), bis er am Löffel zu haften beginnt (2). Den Trüffelsaft (3) zugießen und weitere 5 Minuten kochen. Die gehackten Trüffeln zugeben (4) und die Sauce kurz aufwallen lassen. Dann den Topf von der Kochstelle nehmen und die kalte Butter stückchenweise einschwenken (5), so daß sie schmilzt und von der Sauce aufgenommen wird. Die Sauce mit Salz und Pfeffer abschmecken und sofort servieren (6).

Die Trüffeln werden fein gehackt.

Charcutier-Sauce

Sauce charcutière

Bei dieser deftigen Sauce werden bei mir Kindheitserinnerungen wach ... Mein Großvater und mein Vater, die in Charolles eine Charcuterie betrieben, servierten sie ihren Kunden zu Schweinekoteletts und Kartoffelbrei. Falls von der Sauce etwas übrigblieb, bekamen wir Kinder sie am nächsten Tag mit einem Teller Bandnudeln.

Für die Mehlbutter werden Butter und Mehl mit einer Gabel zu einer glatten Masse verknetet.

FÜR 4 PERSONEN

Zubereitungszeit: 5 Minuten
Garzeit: etwa 20 Minuten

ZUTATEN:

30 g Butter
60 g Zwiebeln, fein gehackt
100 ml trockener Weißwein
300 ml Kalbsfond (s. S. 16)
1 EL scharfer Dijon-Senf, 40 g Mehlbutter (s. S. 31)
30 g Cornichons, in feine Julienne-Streifen geschnitten
Salz und frisch gemahlener Pfeffer

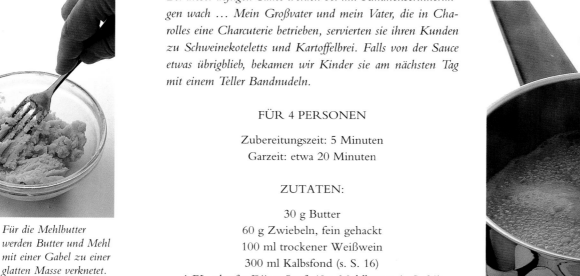

Den Kalbsfond zugießen.

In einem kleinen Topf 30 g Butter zerlassen, die Zwiebeln zugeben und 1 Minute andünsten, ohne sie zu bräunen. Mit dem Weißwein aufgießen und die Flüssigkeit bei mittlerer Hitze um die Hälfte einkochen. Den Kalbsfond zugießen und die Sauce so lange köcheln lassen, bis sie cremig ist und leicht am Löffel haftet. Den Senf und die Mehlbutter portionsweise unterrühren und weitere 2 Minuten kochen. Mit Salz und Pfeffer abschmecken. Die Cornichons in einen kleinen Topf geben, die Sauce durch ein Sieb darübergießen und sofort servieren oder einige Minuten im Wasserbad warm halten.

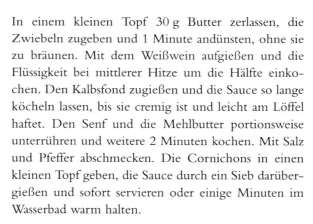

Den Wein über die angedünsteten Zwiebeln gießen.

Die Sauce in den Topf mit den Gurkenstreifen gießen.

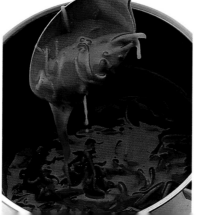

Den Senf und die Mehlbutter unterrühren.

Lamm-Jus
mit Lavendelhonig

Jus d'agneau au parfum de miel de lavande

Diese delikate Sauce schmeckt sehr gut zu gegrillten Lamm-koteletts oder einer gebratenen Lammkeule. Als Kinder aßen wir sie gern zu Kartoffelbrei. Dazu drückten wir eine Vertie-fung in den Berg aus pürierten Kartoffeln und füllten die Mulde mit der leckeren Bratensauce.

FÜR 8 PERSONEN

Zubereitungszeit: 15 Minuten
Garzeit: 1 Stunde 15 Minuten

ZUTATEN:

4 EL Erdnußöl
1 kg Lammnacken mit Knochen, grob zerteilt
50 g Lavendelhonig
100 g Möhren, grob gehackt
100 g Zwiebeln, grob gehackt
200 ml Rotwein, 1$\frac{1}{4}$ l Wasser
1 Bouquet garni (s. S. 10)
6 Pfefferkörner, zerdrückt
1 Fleischtomate, gehäutet, entkernt und gehackt
1 Knoblauchzehe, zerdrückt
Salz und frisch gemahlener Pfeffer

Das Öl in einer Pfanne erhitzen, die Lammstücke hin-einlegen und rundherum kräftig anbraten. Das Öl und das ausgetretene Fett abgießen. Mit einem Palettmes-ser den Honig auf den Fleischstücken verteilen, dann die Möhren und die Zwiebeln zugeben und unter Rühren mit einem Holzlöffel 3 Minuten andünsten. Mit dem Rotwein ablöschen und bei mittlerer Hitze 5 Minuten kochen. Die verbliebenen Zutaten hinzu-fügen – Salz und Pfeffer sparsam verwenden –, dann die Sauce 1 Stunde sanft köcheln lassen und, falls nötig, zwischendurch abschäumen. Anschließend die Sauce durch ein Sieb passieren und sofort servieren. Läßt man sie etwas länger einkochen, bekommt sie ein noch kräftigeres Aroma. Luftdicht verschlossen kann die Sauce mehrere Tage im Kühlschrank aufbewahrt oder auch für mehrere Wochen eingefroren werden.

Orangensauce
Sauce bigarade

Diese Sauce serviere ich sehr gern mit Scheiben von gebrate-ner Kalbsleber oder gegrillten Nieren. Für Ente mit Orangen bereite ich die Sauce nach Möglichkeit mit Entenflügeln zu. Dazu brate ich die Flügel erst kräftig an und verwende sie dann zusammen mit dem Kalbsfond als Saucen- und Ge-schmacksbasis.

FÜR 6 PERSONEN

Zubereitungszeit: 10 Minuten
Garzeit: etwa 50 Minuten

ZUTATEN:

45 g feinkörniger Zucker
3 EL Rotweinessig
700 ml Kalbsfond (s. S. 16)
300 g Entenflügel (nach Belieben)
Saft von 3 Orangen
Schale von 2 unbehandelten Orangen,
in feine Julienne-Streifen geschnitten und blanchiert
Saft von 1 Zitrone
Schale von 1 unbehandelten Zitrone,
in feine Julienne-Streifen geschnitten und blanchiert
Salz und frisch gemahlener Pfeffer

Zucker und Essig in eine Pfanne geben und bei schwa-cher Hitze zu dunklem Karamel kochen. Mit dem Kalbsfond und dem Orangen- und Zitronensaft auf-gießen und zum Kochen bringen. Die Hitzezufuhr re-duzieren und die Flüssigkeit 45 Minuten sanft köcheln lassen, zwischendurch, falls nötig, abschäumen. Die Sauce sollte anschließend leicht sämig sein. Anderen-falls läßt man sie noch etwas einkochen. Die Sauce durch ein Spitzsieb seihen, mit Salz und Pfeffer ab-schmecken, die Schalenstreifen unterrühren und die Sauce sofort servieren oder ohne die Schalenstreifen im Wasserbad warm halten und diese erst kurz vor dem Servieren hinzufügen.

Bordelaiser Sauce

Sauce bordelaise

Diese wunderbare Sauce schmeckt genausogut, wie sie aussieht. Und sie ist wahrlich ein Genuß zu allen Fleischstücken vom Rind, die aus dem Zwischenrippenstück (Entrecôte) oder aus dem Rippenstück (Contrefilet und Roastbeef) geschnitten werden. Ich nehme für dieses Rezept immer die doppelte Menge an Rindermark, weil ich es ganz besonders gern esse.

FÜR 4 PERSONEN

Zubereitungszeit: 10 Minuten
Garzeit: etwa 30 Minuten

ZUTATEN:

40 g Schalotten, fein gehackt
8 weiße Pfefferkörner, zerdrückt
200 ml Bordeaux oder ein vergleichbarer Rotwein
300 ml Kalbsfond (s. S. 16)
1 kleines Bouquet garni (s. S. 10)
200 g Rindermark, 4 Stunden in Eiswasser eingelegt
30 g kalte Butter, gewürfelt
Salz und frisch gemahlener Pfeffer

Die Schalotten, die zerdrückten Pfefferkörner und den Rotwein in einen Topf geben und die Flüssigkeit bei starker Hitze um ein Drittel einkochen. Den Kalbsfond und das Bouquet garni zugeben und etwa 20 Minuten sanft köcheln, bis die Sauce so dick ist, daß sie leicht am Löffel haftet. Die Sauce durch ein feinmaschiges Spitzsieb in einen sauberen Topf seihen.

Das Rindermark abtropfen lassen und in kleine Würfel oder Scheiben schneiden. Die Rindermarkstückchen in einen kleinen Topf geben, leicht salzen und mit wenig Wasser bei mittlerer Hitze zum Kochen bringen. Nach dem Aufkochen den Herd sofort ausschalten, das Rindermark noch 30 Sekunden ziehen lassen und anschließend gut abtropfen.

Die Sauce mit Salz und Pfeffer abschmecken, die kalte Butter stückchenweise unterschlagen, zuletzt das abgetropfte Rindermark zugeben und sofort servieren.

Auberginensauce mit Estragon

Sauce aubergine à l'estragon

Estragon und Senf geben dieser Sauce eine erfrischende Note, während die Aubergine für eine glatte, cremige Konsistenz sorgt. Die Auberginensauce schmeckt gut zu Kaninchenbraten sowie zu Koteletts von Kalb oder Schwein. Auch als Beilage zu Bandnudeln ist diese Sauce sehr zu empfehlen.

FÜR 4 PERSONEN

Zubereitungszeit: 5 Minuten
Garzeit: etwa 25 Minuten

ZUTATEN:

2 EL Olivenöl
60 g Schalotten, fein gehackt
150 g Aubergine, ungeschält in Würfel geschnitten, leicht gesalzen, um ihr Wasser zu entziehen, anschließend mit Küchenkrepp trockengetupft
50 ml Rotwein
300 ml Kalbsfond (s. S. 16)
2 EL Crème double
1 EL körniger Senf
1 EL kleingeschnittener Estragon
Paprikapulver
Salz und frisch gemahlener Pfeffer

Das Öl in einem Topf erhitzen, die Schalotten und die Auberginenwürfel hineingeben und bei mittlerer Hitze sautieren, dabei ständig mit einem Holzlöffel rühren. Sobald die Auberginenstückchen weich werden, den Rotwein zugießen und – weiterhin bei mittlerer Hitze – 3 Minuten kochen. Den Kalbsfond zugießen und die Mischung 15 Minuten sanft köcheln. Die Sahne und eine kräftige Prise Paprikapulver zugeben, anschließend die Sauce 30 Sekunden im Mixer aufschlagen.

Die Sauce durch ein feinmaschiges Spitzsieb in einen sauberen Topf passieren, den Senf und den Estragon unterrühren und kurz aufwallen lassen. Die Sauce mit Salz und Pfeffer abschmecken und sofort servieren.

Pfirsichsauce

Sauce aux pêches

Diese delikate, fruchtige Sauce serviere ich in meinem Restaurant zu einer pigeonneau de Bresse rôti aux pêches (gebratene junge Bresse-Taube mit Pfirsichen) oder zu junger Ente. Am besten schmeckt die Sauce, wenn sie mit weißfleischigen Pfirsichen zubereitet wird.

FÜR 4 PERSONEN

Zubereitungszeit: 10 Minuten
Garzeit: etwa 1 Stunde

ZUTATEN:

30 g Butter
30 g feinkörniger Zucker
2 reife mittelgroße Pfirsiche, gehäutet und das
Fruchtfleisch in Würfel geschnitten
20 ml Cognac
3 EL Rotweinessig
100 ml Rotwein, vorzugsweise Burgunder
1 Gewürznelke
5 g Fenchelsamen
300 ml Kalbsfond (s. S. 16)
40 g kalte Butter, gewürfelt
Salz und frisch gemahlener Pfeffer

Die Butter in einer Pfanne zerlassen und den Zucker mit einem Holzlöffel unterrühren. Sobald der Zucker karamelisiert und die Farbe von Bernstein angenommen hat, die Pfirsichstückchen zugeben und die Hitzezufuhr erhöhen. Weiterrühren, bis die Pfirsiche fast zerfallen. Erst den Cognac und nach 30 Sekunden den Essig zugießen. Nach einer weiteren Minute den Wein zugießen und die Gewürznelke und die Fenchelsamen unterrühren.

Die Mischung aufkochen und 10 Minuten köcheln lassen, dabei immer wieder, falls nötig, entstehenden Schaum abschöpfen. Den Kalbsfond zugießen und die Sauce etwa 30 Minuten kochen, bis sie leicht am Löffel haftet. Die Sauce durch ein Spitzsieb passieren, die kalte Butter portionsweise unterschlagen, mit Salz und Pfeffer abschmecken und sofort servieren.

Zigeunersauce

Sauce zingara

Diese würzige, pikante Sauce schmeckt vorzüglich zu Geflügel vom Grill oder aus der Pfanne und zu Koteletts oder Schnitzeln vom Kalb.

FÜR 6 PERSONEN

Zubereitungszeit: 10 Minuten
Garzeit: etwa 35 Minuten

ZUTATEN:

400 ml Kalbsfond (s. S. 16)
1 EL gekochter Tomaten-Coulis (s. S. 66)
30 g Butter
60 g kleine Champignons, in Julienne-Streifen geschnitten
50 ml trockener Weißwein
30 g gekochter magerer Schinken, in Julienne-Streifen
geschnitten
30 g gekochte Kalbszunge, in Julienne-Streifen geschnitten
40 g frische Trüffeln oder die entsprechende Menge
Dosenware, in Julienne-Streifen geschnitten
30 ml erstklassiger Madeira
Salz und Cayennepfeffer

Den Kalbsfond mit dem Tomaten-Coulis in einen Topf geben und die Flüssigkeit bei mittlerer Hitze um zwei Drittel einkochen, dann die Reduktion durch ein feinmaschiges Spitzsieb in eine Schüssel gießen und beiseite stellen.

In einem zweiten Topf die Butter zerlassen, die Pilzstreifen zugeben und 30 Sekunden leicht andünsten. Den Weißwein zugießen und fast ganz einkochen lassen. Die Schinken-, Zungen- und Trüffelstreifen zugeben und alles behutsam mit einem Holzlöffel verrühren, dann den Madeira zugießen und auf kleiner Flamme 2 Minuten kochen. Den reduzierten Kalbsfond zugeben und nochmals 5 Minuten köcheln lassen. Die Sauce mit Salz und Cayennepfeffer abschmecken und sofort servieren.

Exotische Sauce

Sauce exotique

Diese Sauce paßt sehr gut zu sautiertem Huhn oder Kaninchen mit Blattspinat oder frischen Nudeln als Beilage.

FÜR 4 PERSONEN

Zubereitungszeit: 5 Minuten
Garzeit: etwa 15 Minuten

ZUTATEN:

1 reife Mango, 2 Passionsfrüchte
2 EL Cognac oder Armagnac
200 ml Kalbsfond (s. S. 16)
100 ml Crème double
4 Tropfen Tabasco
Salz und frisch gemahlener Pfeffer

Die Mango schälen und das Fruchtfleisch rund um den Kern ablösen.

Die Passionsfrüchte halbieren und das mit vielen kleinen Kernen durchsetzte Fruchtfleisch auslöffeln.

Die Mango mit einem Gemüsemesser mit flexibler Klinge schälen und das Fruchtfleisch rund um den Kern ablösen. Das Fruchtfleisch fein würfeln und in einen kleinen Topf geben. Die Passionsfrüchte halbieren, das mit vielen kleinen Kernen durchsetzte Fruchtfleisch auslöffeln und in den Topf zur Mango geben, dann den Alkohol zugießen. Die Fruchtmischung auf kleiner Flamme 5 Minuten kochen, dann den Kalbsfond zugießen und weitere 5 Minuten köcheln lassen. Die Sahne zugießen, den Tabasco unterrühren und die Sauce 5 Minuten sanft köcheln, anschließend im Mixer 1 Minute aufschlagen. Die pürierte Sauce durch ein feinmaschiges Spitzsieb in einen kleinen Topf passieren, mit Salz und Pfeffer abschmecken und sofort servieren oder einige Minuten im Wasserbad warm halten.

Den kalten Kalbsfond zugießen.

Den Tabasco zugeben.

Die Sauce im Mixer aufschlagen.

Wacholdersauce

Sauce au genièvre

Diese Sauce gelingt leicht und schnell und duftet angenehm nach Moschus. Sie paßt sehr gut zu Steaks vom Grill oder aus der Pfanne und zu kurzgebratenen Wildstücken, wie Hasenfilets oder Rehmedaillons.

FÜR 6 PERSONEN

Zubereitungszeit: 5 Minuten
Garzeit: etwa 25 Minuten

ZUTATEN:

40 g Schalotten, gehackt
200 ml Rotwein, vorzugsweise Côtes du Rhône
300 ml Kalbsfond (s. S. 16)
14 Wacholderbeeren, zerdrückt
2 EL rotes Johannisbeergelee
40 g kalte Butter, gewürfelt
Salz und frisch gemahlener Pfeffer

Die Schalotten mit dem Wein in einen Topf geben und die Flüssigkeit bei mittlerer Hitze um ein Drittel einkochen. Den Kalbsfond zugießen, dann die Wacholderbeeren hinzufügen und das Ganze 15 Minuten sanft köcheln. Das rote Johannisbeergelee unterrühren und, sobald es sich aufgelöst hat, die Sauce durch ein feinmaschiges Spitzsieb in einen sauberen Topf abseihen. Die kalte Butter stückchenweise einarbeiten, die Sauce mit Salz und Pfeffer abschmecken und sofort servieren.

Bologneser Sauce

Sauce bolognaise

Am liebsten serviere ich diese Sauce zu Kartoffelpüree, geschmortem Weißkohl, Putenschnitzeln aus der Pfanne und natürlich zu Spaghetti.

FÜR 8 PERSONEN

Zubereitungszeit: 10 Minuten
Garzeit: etwa 40 Minuten

ZUTATEN:

50 ml Erdnußöl
400 g Hackfleisch von Rind oder Lamm, frisch zubereitet
80 g Zwiebeln, gehackt
1 mittelgroße Knoblauchzehe, fein gehackt
1 kleines Bouquet garni (s. S. 10) mit 1 Zweig Rosmarin
300 ml gekochter Tomaten-Coulis (s. S. 66)
300 ml Kalbsfond (s. S. 16)
40 g kalte Butter, gewürfelt
1 EL gehackte Petersilie
Salz und frisch gemahlener Pfeffer

In einer Pfanne 40 ml Öl erhitzen. Sobald es sehr heiß ist, das Hackfleisch hineingeben und kräftig anbraten, dabei ständig mit einem Holzlöffel rühren. Das gebräunte Hackfleisch in einen Durchschlag geben und das Bratfett abtropfen lassen.

Das verbliebene Öl in einem Topf erhitzen und die Zwiebeln darin 30 Sekunden andünsten, ohne daß sie Farbe annehmen. Das Hackfleisch mit Knoblauch, Bouquet garni, Tomaten-Coulis und Kalbsfond hinzufügen und zum Kochen bringen. Nach dem Aufkochen die Hitzezufuhr sofort reduzieren und die Sauce 35 Minuten sanft köcheln, dabei alle 5 bis 10 Minuten mit einem Holzlöffel umrühren. Das Bouquet garni herausnehmen und die Butter stückchenweise mit dem Löffel unterrühren. Die Sauce mit Salz und reichlich Pfeffer abschmecken und kurz vor dem Servieren die Petersilie unterrühren.

Teufelssauce

Sauce diable

Diese kräftige, pikante Sauce paßt sehr gut zu gegrilltem Geflügel, insbesondere zu Stubenküken oder Hähnchen.

FÜR 4 PERSONEN

Zubereitungszeit: 5 Minuten
Garzeit: etwa 45 Minuten

ZUTATEN:

30 ml erstklassiger Rotweinessig
100 ml trockener Weißwein
20 weiße Pfefferkörner, zerdrückt
50 g Schalotten, gehackt
1 Bouquet garni (s. S. 10) mit 2 Zweigen Estragon
400 ml Kalbsfond (s. S. 16)
40 g kalte Butter, gewürfelt
1 EL kleingeschnittener Kerbel oder glatte Petersilie
Salz und frisch gemahlener Pfeffer

Den Essig mit dem Weißwein, den zerdrückten Pfefferkörnern, den Schalotten und dem Kräutersträußchen in einen Topf geben und die Flüssigkeit bei mittlerer Hitze um vier Fünftel einkochen. Den Kalbsfond zugießen und etwa 20 Minuten sanft köcheln, bis die Sauce so dickflüssig ist, daß sie leicht am Löffel haftet. Die Sauce durch ein feinmaschiges Sieb in einen sauberen Topf gießen und die kalte Butter portionsweise unterrühren. Mit Salz und Pfeffer abschmecken und den Kerbel oder die Petersilie erst kurz vor dem Servieren unterrühren.

Geflügelsauce mit Curaçao

Sauce volaille au Curaçao

Die Konsistenz dieser Sauce erinnert an eine dünne Bratensauce. Ich reiche die Geflügelsauce meist zu Stubenküken oder Taube aus dem Ofen oder aus der Pfanne. Ein Extraschuß Curaçao verstärkt das Aroma.

FÜR 4 PERSONEN

Zubereitungszeit: 5 Minuten
Garzeit: etwa 30 Minuten

ZUTATEN:

2 EL Erdnußöl
250 g Hühnerflügel und -hälse, blanchiert,
abgeschreckt und abgetropft
60 g Schalotten, gewürfelt
80 g Möhren, gewürfelt
60 g Stangensellerie, gewürfelt
4 ganze Sternanis, grob zerteilt
30 ml Curaçao
200 ml Geflügelfond (s. S. 18)
200 ml Kalbsfond (s. S. 16)
30 g kalte Butter, gewürfelt
Salz und frisch gemahlener Pfeffer

Das Öl in einer Pfanne erhitzen, bis es sehr heiß ist. Das Hühnerklein hineingeben und von allen Seiten kräftig anbraten. Das Öl und das ausgetretene Hühnerfett abgießen, das gewürfelte Gemüse mit dem Sternanis zum Hühnerklein in die Pfanne geben und 2 Minuten andünsten.

Den Likör zugießen, 1 Minute kochen, dann den Geflügelfond zugießen und die Flüssigkeit bei starker Hitze um die Hälfte einkochen. Den Kalbsfond zugießen und die Sauce weitere 20 Minuten köcheln, anschließend durch ein feinmaschiges Spitzsieb in einen sauberen Topf passieren. Die Butter stückchenweise unterschlagen, die Sauce mit Salz und Pfeffer abschmecken und sofort servieren.

Kirschtomatensauce

Sauce aux petites tomates cerises

Diese Sauce schmeckt nicht nur sehr gut zu Nudeln, sondern auch zu weißem Fleisch vom Grill. Zum Aufwärmen ist sie bestens geeignet, und sie hält sich – luftdicht verschlossen – im Kühlschrank mehrere Tage.

FÜR 8 PERSONEN

Zubereitungszeit: 15 Minuten
Garzeit: etwa 1 Stunde

ZUTATEN:

1 kg reife Kirschtomaten ohne Stiele
1 TL feinkörniger Zucker
1 EL kleingeschnittene Basilikumblätter
30 ml Portwein (Ruby)
3 EL Olivenöl
60 g Zwiebeln, gehackt
80 g Stangensellerie, gehackt
6 dicke Scheiben Frühstücksspeck (etwa 120 g),
ohne Schwarte gewürfelt
6 Tropfen Tabasco, 1 TL Worcestershiresauce
Saft von $^1/_2$ Zitrone
Salz und frisch gemahlener Pfeffer

Den Backofen auf 160 °C vorheizen. Die Tomaten mit Zucker, Basilikum, Portwein und wenig Salz in eine feuerfeste Form oder eine emaillierte Kasserolle geben und zugedeckt im Ofen 45 Minuten garen, bis die Tomaten zerfallen sind.

Das Olivenöl mit Zwiebeln, Sellerie und Speck in einen Topf geben und bei mittlerer Hitze etwa 20 Minuten kochen, bis die Mischung leicht gebräunt und weich ist, währenddessen häufig mit einem Holzlöffel umrühren. Überschüssiges Öl abschöpfen, dann die Tomaten unterrühren. Die Mischung in einen Mixer geben und 1 Minute pürieren. Die Sauce durch ein feinmaschiges Spitzsieb in einen sauberen Topf passieren und mit Tabasco, Worcestershiresauce und Zitronensaft würzen. Mit Salz und Pfeffer abschmecken und die Sauce noch einmal 5 Minuten köcheln lassen. Sofort servieren.

Olivensauce mit Bohnenkraut

Sauce sarriette et tapenade

Diese Sauce ist sehr dünnflüssig, beinahe wie ein Jus, und mutet mit dem würzigen Aroma von Bohnenkraut und Oliven sehr provenzalisch an. Ich serviere sie oft zu Lammrücken, -schulter oder -keule aus der Pfanne oder dem Ofen. Wer Lammfond zur Hand hat, nimmt ihn anstelle von Kalbsfond.

FÜR 4 PERSONEN

Zubereitungszeit: 5 Minuten
Garzeit: etwa 25 Minuten

ZUTATEN:

100 ml trockener Weißwein
40 g Schalotten, gehackt
15 g frisches Bohnenkraut
6 weiße Pfefferkörner, zerdrückt
200 ml Kalbsfond (s. S. 16)
60 g schwarze oder grüne Tapenade (Olivenpaste)
30 g kalte Butter, gewürfelt
Salz und frisch gemahlener Pfeffer

Den Wein mit den Schalotten, dem Bohnenkraut und den zerdrückten Pfefferkörnern in einen Topf geben und die Flüssigkeit bei mittlerer Hitze um die Hälfte einkochen. Den Kalbsfond zugießen und auf kleinster Flamme 20 Minuten kochen. Die Olivenpaste – weiterhin bei ganz milder Hitze – unterrühren und die Butter stückchenweise unterschlagen. Die Sauce mit Salz und Pfeffer abschmecken, durch ein feinmaschiges Sieb passieren und sofort servieren.

Currysauce

Sauce au curry

Diese cremige, mit Früchten angereicherte Sauce schmeckt vorzüglich zu gegrilltem Kalbs- und Hähnchenschnitzel mit indischem Reis oder Pilaw. Die Currymenge ist eine Frage des Geschmacks: Der eine mag mehr, der andere weniger.

FÜR 8 PERSONEN

Zubereitungszeit: 10 Minuten
Garzeit: etwa 30 Minuten

ZUTATEN:

40 g Butter
60 g Zwiebeln, gehackt
300 g frische Ananas, in kleine Stücke geschnitten
1 mittelgroße Banane, in Scheiben geschnitten
1 Apfel, vorzugsweise Cox Orange,
gewaschen und kleingeschnitten
40 g Currypulver
2 EL frisch geriebene Kokosnuß oder Kokosraspel
300 ml Kalbsfond (s. S. 16)
200 ml Kokosmilch
Salz

Die Butter in einem Topf zerlassen, die Zwiebeln zugeben und auf kleiner Flamme 1 Minute andünsten. Ananas, Banane und Apfel hinzufügen und 5 Minuten köcheln, dabei ständig mit einem Holzlöffel rühren. Das Currypulver und die frischen oder getrockneten Kokosraspel einstreuen, dann den Kalbsfond und die Kokosmilch zugießen. Zum Kochen bringen und die Sauce 20 Minuten sanft köcheln lassen, anschließend durch ein feinmaschiges Sieb passieren, mit Salz und Pfeffer abschmecken und sofort servieren. Falls nötig, die Sauce für kurze Zeit im Wasserbad warm halten. Dafür Butterflöckchen auf die heiße Sauce setzen, damit sich keine Haut bildet.

Fünfgewürz-Sauce

Sauce aux cinq épices

Diese Sauce schmeckt vorzüglich zu einem im Salzmantel gebackenen Hühnchen oder aber zu gebratenen Kalbsmedaillons mit Pilaw-Reis.

FÜR 4 PERSONEN

Zubereitungszeit: 20 Minuten
Garzeit: etwa 30 Minuten

ZUTATEN:

250 g Hühnerflügel, blanchiert, abgeschreckt
und abgetropft
2 EL Erdnußöl
60 g Möhren, gehackt
60 g Zwiebeln, gehackt
50 ml Weißweinessig
400 ml Geflügelfond (s. S. 18)
80 g Tomaten, gehäutet, entkernt und gehackt
1 kleines Bouquet garni (s. S. 10) mit 1 Zweig Estragon
100 ml Crème double
3 g Fünfgewürzpulver
Salz und frisch gemahlener Pfeffer

Die Hühnerflügel im Öl in einer Pfanne bei starker Hitze kräftig anbraten. Überschüssiges Öl und ausgetretenes Hühnerfett abgießen, die Möhren und die Zwiebeln hinzufügen und 2 Minuten andünsten. Abseits der Kochstelle den Essig darüberträufeln und die Pfanne 1 Minute stehenlassen. Den Geflügelfond zugießen, die Tomaten und das Bouquet garni zugeben und alles zum Kochen bringen. Bei schwacher Hitze weiterkochen, bis die Sauce leicht am Löffel haftet; entstandenen Schaum zwischendurch abschöpfen. Die Sahne und das Fünfgewürzpulver zugeben und 2 Minuten köcheln lassen. Die Sauce durch ein feinmaschiges Spitzsieb passieren und mit Salz und Pfeffer abschmecken. Anschließend sofort servieren oder kurze Zeit im Wasserbad warm halten.

Die Zwiebeln und die Möhren zugeben.

Den Essig darüberträufeln.

Die Sauce so lange kochen, bis sie leicht am Löffel haftet.

Das Fünfgewürzpulver zugeben.

KAPITEL 10

Im letzten Kapitel möchte ich den weltberühmten Klassiker unter den süßen Saucen vorstellen, die Vanillesauce oder Englische Creme, die leider durch schlechte Zubereitung und falsche Verwendung stark in Verruf geraten ist. Eine Vanillesauce sollte die Beschaffenheit einer erstklassigen Hollandaise haben: cremig, üppig, gehaltvoll, aber dennoch delikat, kurzum, für den Gaumen ein echtes Geschmackserlebnis. Nur dann ist sie wirklich ein Genuß, und man würde sie am liebsten wie eine Suppe weglöffeln.

Dessertsaucen

Aus diesem Grund habe ich mein Rezept für Vanillesauce so präzise wie möglich formuliert und mit anschaulichen Fotos illustriert, die die einzelnen Arbeitsschritte verdeutlichen. Neben der klassischen Vanilleschote gibt es eine Vielzahl von Aromazutaten, mit denen Sie die Sauce geschmacklich und auch farblich abwandeln können.

Die Sauce zu einem Dessert wird auf die in der Süßspeise verwendete Hauptzutat abgestimmt. Ebenso wie bei pikanten Gerichten sollte die süße Sauce mit dieser Zutat harmonieren, gewissermaßen ihren Eigengeschmack unterstreichen, ihn aber auf keinen Fall überdecken. Bedenken Sie, daß das Dessert der glanzvolle Abschluß eines jeden guten Menüs ist und einen bleibenden Eindruck hinterläßt.

Frucht-Coulis schmecken herrlich erfrischend und regen die Sinne an mit ihren Farben und den Geschmacksrichtungen von süß bis bitter oder sauer, je nachdem, welche Frucht verwendet wurde. Um Farbe und Geschmack noch mehr zu verbessern, reichen schon kleinste Mengen an Gewürzen. In gut schließenden Behältnissen können Frucht-Coulis problemlos mehrere Tage im Kühlschrank aufbewahrt werden.

Und noch ein Tip: Zum Dessert oder zu Früchten nie mehr als ein oder zwei Frucht-Coulis zusammen auf einem Teller servieren. Jeder Coulis hat seinen charakteristischen Eigengeschmack, der sich nicht unbedingt mit einem anderen verträgt. Coulis sollten aber nicht nur geschmacklich, sondern auch farblich harmonieren. Schrille Farbzusammenstellungen sind also nach Möglichkeit zu vermeiden, weil sie das ganze Dessert ruinieren können.

Viele Dessertsaucen und Coulis schmecken auch vorzüglich zu Eiscreme und Sorbet.

Pochierte Birnen mit Brombeer-Coulis.

Zuckersirup für Sorbets und Frucht-Coulis

Sirop à sorbet ou coulis de fruits

Dieser Zuckersirup wird zusammen mit Früchten als Basis für Fruchtsorbets und Coulis verwendet, die zu fast allen Desserts passen.

ERGIBT ETWA 700 ML

Zubereitungszeit: 5 Minuten
Garzeit: etwa 7 Minuten

ZUTATEN:

400 g feinkörniger Zucker
350 ml kaltes Wasser
50 g Glukosesirup

Den Zucker mit Wasser und Glukosesirup in einen Topf geben und bei schwacher Hitze aufkochen, dabei ständig mit einem Holzlöffel rühren. Die Zuckerlösung 3 Minuten kochen, falls nötig, abschäumen. Den Sirup durch ein feinmaschiges Sieb gießen und bei Raumtemperatur völlig erkalten lassen, anschließend im Kühlschrank aufbewahren.

Der Zuckersirup hält sich luftdicht verschlossen bis zu 2 Wochen im Kühlschrank.

Brombeer-Coulis

Coulis de mûres

Dieses herrliche Fruchtpüree paßt zu fast allen Charlotte-Rezepten. Nicht minder köstlich ist es zu Parfaits oder Eisbomben und Eiscremes wie Kokos-, Vanille- oder Bananeneis. Wie alle Frucht-Coulis hält sich auch diese Zubereitung in – luftdicht verschlossenen Gefäßen – mehrere Tage im Kühlschrank.

FÜR 8 PERSONEN

Zubereitungszeit: 5 Minuten

ZUTATEN:

350 g reife Brombeeren, Stiele und Blütenansatz entfernt
50 ml Kirschwasser
150 ml Zuckersirup (s. Rezept auf dieser Seite)
Saft von ¹/₂ Zitrone

Alle Zutaten in einen Mixer geben und etwa 1 Minute pürieren. Das Püree durch ein feinmaschiges Spitzsieb streichen und den Coulis gut gekühlt servieren (Abbildung s. S. 156).

Grapefruit-Coulis mit Minze

Coulis de pamplemousse à la menthe

Dieses erfrischende Fruchtpüree harmoniert gut mit Orangen-Desserts, einer Schokoladen-Charlotte oder einem Sorbet von schwarzen Johannisbeeren. Sehr hübsch sieht es aus, wenn Sie den Coulis zusätzlich mit feinen Streifen von Minzeblättern garnieren.

FÜR 6 PERSONEN

Zubereitungszeit: 5 Minuten

ZUTATEN:

2 Grapefruits, möglichst mit rotem Fruchtfleisch
(pro Stück etwa 400 g)
10 g frische Minze, kleingeschnitten
40 g feinkörniger Zucker
150 g Naturjoghurt
25 ml Wodka

Die Grapefruits mit einem kleinen Messer so schälen, daß die weiße Innenhaut dabei völlig entfernt wird, und anschließend jede Frucht in sechs Teile schneiden. Die Fruchtstücke mit der Minze und dem Zucker 1 Minute im Mixer pürieren, dann durch ein feinmaschiges Spitzsieb in eine Rührschüssel streichen. Den Joghurt unterrühren und zuletzt den Wodka hinzufügen. Das Püree eiskalt servieren.

Coulis von Rotweinbirnen

Coulis de poires au vin rouge

Reichen Sie diesen geschmacksintensiven Coulis zu einem geeisten Vacherin, zu einer Saint-Honoré-Torte, gefüllt mit Schlagsahne und roten Beeren, oder zu einem einfachen Kompott von frischen Aprikosen. Luftdicht verschlossen läßt sich der Coulis problemlos ein paar Tage im Kühlschrank aufbewahren.

FÜR 6 PERSONEN

Zubereitungszeit: 10 Minuten plus weitere 30 Minuten
für das Marinieren

ZUTATEN:

3 reife Birnen (je etwa 200 g)
1 Prise gemahlener Zimt
100 ml Rotwein, vorzugsweise ein Bordeaux
30 ml kaltes Wasser
Saft von $1/2$ Zitrone
150 g feinkörniger Zucker

Die Birnen schälen, halbieren und entkernen. Das Fruchtfleisch in kleine Stücke schneiden und mit Zimt und Rotwein in eine Schüssel geben. Die Schüssel mit Klarsichtfolie abdecken und die Birnenstückchen 30 Minuten durchziehen lassen.

Wasser, Zitronensaft und Zucker in einen Topf mit extrastarkem Boden geben. Die Mischung auf kleinster Flamme erhitzen und zu hellem Karamel kochen. Den Topf von der Kochstelle nehmen und vorsichtig den Rotwein zugießen. Genügend Abstand halten, da es beim Zusammentreffen von kaltem Wein und heißem Karamel leicht spritzt. Nach 5 Minuten den verdünnten und abgekühlten Karamel mit einem Holzlöffel umrühren und über die Birnen gießen. Das Ganze im Mixer fein pürieren und den fertigen Coulis eisgekühlt servieren. Zu dick geratenes Püree mit 2 oder 3 Eßlöffeln kaltem Wasser verdünnen.

*Oben: Warme Pflaumentarte
mit Orangenbutter.*

Orangenbutter

Beurre à l'orange

Eine delikate Beigabe zu Crêpes, einer warmen Pflaumentarte oder einem Schokoladen-Soufflé.

FÜR 6 PERSONEN

Zubereitungszeit: 5 Minuten
Garzeit: etwa 10 Minuten

ZUTATEN:

Saft von 6 Orangen (jede etwa 250 g schwer), abgeseiht
100 ml Puderzucker, 125 g weiche Butter

Orangensaft und Zucker in einem Topf verrühren und bei mittlerer Hitze um die Hälfte einkochen, dabei entstehenden Schaum entfernen. Die Kochplatte ausschalten und die weiche Butter portionsweise unterrühren. Die Sauce bei Zimmertemperatur servieren.

1 2
3 4

Englische Creme

Crème anglaise

Englische Creme serviert man zu einer Vielzahl von kalten Desserts. Als Beigabe zu einem warmen Dessert wird die Vanillesauce leicht erwärmt, mit einem Schuß Grand Marnier, Champagner oder anderem Alkohol verfeinert und dann im Mixer aufgeschlagen. Das macht die Sauce schön leicht und schaumig. Englische Creme kann auch zu Vanille-Eiscreme weiterverarbeitet werden.

ERGIBT ETWA 750 ML

Zubereitungszeit: 15 Minuten

Garzeit: etwa 5 Minuten

ZUTATEN:

6 Eigelb, 125 g feinkörniger Zucker
500 ml Milch
1 Vanilleschote, längs aufgeschnitten

Für Englische Creme mit Schokolade anstelle der Vanilleschote geschmolzene Schokolade hinzufügen.

Eigelb mit 40 g Zucker aufschlagen (1), bis die Masse dick und schaumig ist (2). Die Milch mit der Vanilleschote und dem restlichen Zucker in einen Topf geben (3), kurz umrühren und aufkochen. Die kochendheiße Milch mit dem Schneebesen in die Eigelbmasse einrühren. Die Eiercreme zurück in den Topf füllen und unter ständigem Rühren behutsam auf etwa 80 °C erhitzen. Die Creme sollte so dick sein, daß sie leicht am Löffel haftet. Die Vanilleschote herausnehmen und die Sauce in eine saubere Schüssel umfüllen, die auf gestoßenem Eis steht, damit der Kochvorgang sofort beendet wird (4). Die Sauce von Zeit zu Zeit mit einem Holzlöffel umrühren, damit sie nicht gerinnt und sich auf ihrer Oberfläche keine Haut bildet. Die völlig erkaltete Sauce mit Klarsichtfolie abdecken und bis zum Servieren mindestens 2, aber höchstens 48 Stunden im Kühlschrank aufbewahren.

Die Eiercreme sollte leicht am Löffel haften.

ENGLISCHE CREME MIT KAFFEE ODER SCHO-KOLADE: Die Englische Creme nach dem Grundrezept zubereiten, jedoch anstelle der Vanilleschote 2 Eßlöffel Instant-Kaffeepulver oder 60 g geschmolzene Zartbitterschokolade hinzufügen.

Die Konsistenz der Creme prüfen und mit dem Finger über den zuvor in die Sauce getauchten Holzlöffel fahren.

Süßholzsauce

Sauce à la réglisse

Diese ausgefallene Sauce schmeckt angenehm nach Lakritze und paßt sehr gut zu einer Birnentarte, zu einem Mirabellenkuchen, zu Pistazien-Eiscreme oder zu einem Kompott von gelbfleischigen Pfirsichen.

Die geschlagene Sahne macht die Sauce luftiger, wird aber erst kurz vor dem Servieren untergehoben. Ohne die Sahne hält sich die Sauce – abgedeckt mit Frischhaltefolie – bis zu 48 Stunden im Kühlschrank.

FÜR 6 PERSONEN

Zubereitungszeit: 15 Minuten
Garzeit: etwa 5 Minuten

ZUTATEN FÜR DIE ENGLISCHE CREME:

3 Eigelb
60 g feinkörniger Zucker
250 ml Milch
25 g eingedickter Süßholzsaft oder 50 g Lakritzenstangen, kleingeschnitten
50 ml Schlagsahne, leicht geschlagen

Die Englische Creme nach Rezeptanweisung zubereiten (s. S. 161), jedoch anstelle der Vanillestange den Süßholzsaft oder die Lakritze hinzufügen.

Herbstliche Sauce

Sauce automnale

Diese fruchtige Sauce schmeckt sehr gut zu Bratäpfeln oder zu einem Kompott von Pfirsichen oder Feigen.

FÜR 8 PERSONEN

Zubereitungszeit: 5 Minuten
Garzeit: 10 Minuten

ZUTATEN:

1 Tafelapfel (etwa 100 g)
2 mittelgroße Bananen

Saft von 1 Zitrone
50 g Honig
Samen von 2 Kardamomkapseln
100 g feinkörniger Zucker
200 ml Wasser

Den Apfel schälen, das Kerngehäuse herausschneiden und das Fruchtfleisch fein würfeln. Die Bananen schälen und in Scheiben schneiden.

Die vorbereiteten Früchte mit Zitronensaft, Honig, Kardamomsamen, Zucker und Wasser in einen Topf geben, langsam erhitzen und 10 Minuten auf kleinster Flamme kochen, dann die Mischung im Mixer fein pürieren. Die Sauce durch ein feinmaschiges Spitzsieb in eine Schüssel passieren, bei Zimmertemperatur erkalten lassen und bis zum Servieren kühl stellen.

Erdbeer-Coulis mit grünem Pfeffer

Coulis de fraises au poivre vert

Diese fruchtige Sauce serviere ich am liebsten zu einem Zitronensorbet, einer Vanille-Eiscreme oder auch einem pochierten Pfirsich oder einer Pfirsich-Charlotte. Im Sommer gibt es bei mir oft Appetithäppchen mit hauchdünnen Scheiben von roh mariniertem Thunfisch, garniert mit dieser erfrischenden Sauce.

FÜR 8 PERSONEN

Zubereitungszeit: 5 Minuten

ZUTATEN:

500 g reife Erdbeeren, Blattrosette mit Stielansatz entfernt
10 g eingelegte grüne Pfefferkörner, gut abgetropft
100 ml Zuckersirup (s. S. 158)
Saft von 1/2 Zitrone
10 g Mohnsamen (nach Belieben)

Die Erdbeeren mit Pfefferkörnern, Zuckersirup und Zitronensaft in einen Mixer geben und fein pürieren. Das Püree durch ein feinmaschiges Spitzsieb streichen und nach Belieben kurz vor dem Servieren mit den Mohnsamen bestreuen.

Die Erdbeeren mit Pfefferkörnern und Zuckersirup in einen Mixer geben.

Rechts und oben: Die Mischung eine Minute pürieren.

Den Coulis durch ein feinmaschiges Spitzsieb passieren.

Das aufgelöste Kaffeepulver
zum Ahornsirup gießen.

Den Alkohol unterrühren.

Ahornsirup-Sauce mit Kaffee und Drambuie

Sauce au café et Drambuie

Drambuie ist ein schottischer Likör auf Whisky-Basis mit Heidehonig und Kräutern. Seine genaue Zusammensetzung ist ein wohlgehütetes Geheimnis der Familie Mackinnon.

Diese in allen Regenbogenfarben schillernde Sauce schmeckt sehr gut zu einem Vanille-Praliné-Parfait oder einfach zu heißen Waffeln. Der Alkohol verfeinert die Sauce und gibt ihr eine individuelle Note.

FÜR 6 PERSONEN

Zubereitungszeit: 5 Minuten
Garzeit: etwa 2 Minuten

ZUTATEN:

200 ml Ahornsirup
1 EL Instant-Kaffeepulver, aufgelöst in 1 EL Wasser
50 ml Wodka
50 ml Drambuie
8 Kaffeebohnen, grob zerstoßen

Den Ahornsirup in einem kleinen Topf erwärmen, dann das aufgelöste Kaffeepulver unterrühren. Sobald der Sirup heiß ist, aber noch nicht kocht, den Topf vom Herd nehmen und den Alkohol unterrühren. Die Sauce mit Klarsichtfolie abdecken und kühl stellen. Kurz vor dem Servieren die zerstoßenen Kaffeebohnen unterrühren.

Heiße Waffeln und dazu eine Ahornsirup-Sauce mit Kaffee und Drambuie.

Pflaumensauce mit Armagnac

Sauce aux pruneaux et à l'Armagnac

Im Herbst hat diese feine Sauce aus Trockenpflaumen ihre Saison. Sie paßt gut zu gestürztem Reispudding, zu einem heißen Soufflé von glasierten Maronen, zu Birnen- oder Bananen-Eiscreme und ist die ideale Beigabe zu Clafoutis mit Backpflaumen.

FÜR 10 PERSONEN

Zubereitungszeit: 10 Minuten
Garzeit: etwa 30 Minuten

ZUTATEN:

250 g Trockenpflaumen mit Stein, vorzugsweise Agen-Pflaumen, 6 Stunden in kaltem Wasser eingeweicht
150 g feinkörniger Zucker
$^{1}/_{2}$ Zimtstange
150 ml Armagnac
250 g Butter

Die Pflaumen abtropfen lassen, mit dem Zucker und der Zimtstange in einen Topf geben und mit Wasser bedecken. Bei schwacher Hitze aufkochen und 20 Minuten sanft köcheln. Den Topfinhalt in eine Schüssel geben, die Zimtstange entfernen, die Pflaumen abkühlen und gut abtropfen lassen und entsteinen. Die Kochflüssigkeit auffangen und beiseite stellen.

Von den Pflaumen 6 Stück in kleine, gleichmäßige Würfel schneiden und in einer Schüssel zurückbehalten. Die restlichen Pflaumen mit 150 ml ihrer Kochflüssigkeit, dem Armagnac und 100 g Butter in einen flachen Topf geben und langsam auf etwa 60–70 °C erhitzen. Die Mischung in einen Mixer geben und 1 Minute aufschlagen. Das Pflaumenpüree in einen sauberen Topf umfüllen, die verbliebene Butter portionsweise unterschlagen und soviel von dem zurückbehaltenen Sirup unterrühren, bis die Sauce bandartig vom Löffel fließt. Die Pflaumenstückchen hinzufügen und die Sauce lauwarm servieren oder bis zu 30 Minuten in einem nicht zu heißen Wasserbad warm halten.

Die Pfirsichhälften 20 Minuten in Sirup köcheln lassen.

Die Pfirsiche im Mixer fein pürieren.

Coulis von weißen Pfirsichen mit Sternanis

Coulis de pêches blanches à l'anis étoilé

Dieser Coulis paßt zu weißfleischigen Pfirsichen, aber auch zu Walderdbeeren oder anderen zarten Beerenfrüchten.

FÜR 8 PERSONEN

Zubereitungszeit: 10 Minuten
Garzeit: etwa 20 Minuten

ZUTATEN:

2 reife weiße Pfirsiche
400 ml Wasser, 150 g feinkörniger Zucker
4 ganze Sternanis und 2 Gewürznelken,
eingebunden in ein Stück Musselin
Saft von 1 Zitrone
Saft von 2 Orangen, vorzugsweise Blutorangen
1 EL Grenadine (falls keine Blutorangen verwendet werden)

Die Pfirsiche mit kochendheißem Wasser übergießen und nach 15 Sekunden in Eiswasser abschrecken. Die Pfirsiche häuten und mit einem Messer halbieren, ohne den Stein zu entfernen. Die Pfirsichhälften in einen kleinen Topf geben. Wasser, Zucker, Sternanis, Gewürznelken und Zitronensaft zugeben und auf kleiner Flamme bis knapp unter den Siedepunkt erhitzen. 20 Minuten sanft köcheln, dann 15 Minuten bei Zimmertemperatur abkühlen lassen. Die Steine und die eingebundenen Gewürze entfernen. Den Topfinhalt etwa 2 Minuten im Mixer pürieren. Das Püree durch ein feinmaschiges Spitzsieb passieren und kühl stellen.

Für den Orangensirup den Orangensaft durch ein Sieb in einen kleinen Topf gießen. Gegebenenfalls Grenadine zugeben und die Flüssigkeit bei schwacher Hitze sirupartig einkochen. Beiseite stellen.

Die gewünschten Dessertfrüchte auf Tellern anrichten, mit dem Pfirsich-Coulis umgießen und den Orangensirup in dünnem Strahl kreisförmig auf das Pfirsichpüree fließen lassen. Einen kleinen Spieß oder die Spitze eines Messers zickzackförmig durch den Sirup ziehen, so daß die Farben ineinanderlaufen und ein hübsches Muster ergeben.

Rechts: Zum Häuten die Pfirsiche mit kochendem Wasser übergießen.

Zum Garnieren einen kleine Spieß im Zickzackmuster du den Orangensirup ziehen.

Die Bananenscheiben im Zitronensaft wenden.

Honigsauce

Sauce au miel

Diese so herrlich nach Honig duftende Sauce schmeckt vorzüglich zu Crêpes oder knusprigen Apfeltörtchen.

FÜR 8 PERSONEN

Zubereitungszeit: 5 Minuten
Garzeit: etwa 10 Minuten

ZUTATEN:

200 g reife Bananen (geschält gewogen)
Saft von 1 Zitrone
300 ml Zuckersirup (s. S. 158)
5 g gemahlener Ingwer
60 g Honig

Die Bananen in Scheiben schneiden und sofort im Zitronensaft wenden, damit sie nicht braun werden. Mit Sirup, Ingwerpulver und Honig in einen Topf geben und 5 Minuten kochen. Die Mischung im Mixer fein pürieren, dann die Sauce durch ein feinmaschiges Spitzsieb in eine Schüssel passieren. Die Sauce rühren, bis sie erkaltet ist, dann mit Klarsichtfolie abdecken und bis zum Servieren im Kühlschrank aufbewahren.

Die Sauce durch ein feinmaschiges Spitzsieb passieren.

Die Bananenscheiben mit Sirup, Ingwerpulver und Honig in einen Topf geben.

Kaffee-Sabayon mit Tia Maria

Sabayon au café Tia Maria

Diese schaumige Sauce ist eigentlich schon ein Dessert für sich, aber sie paßt zum Beispiel auch gut zu Nachspeisen wie einem Gâteau de riz impératrice, einer feinen Apfeltarte oder pochierten Birnen in Sirup.

FÜR 4 PERSONEN

Zubereitungszeit: 15–20 Minuten
Garzeit: 15–20 Minuten

ZUTATEN:

50 ml kaltes Wasser
2 EL Instant-Kaffeepulver
50 g feinkörniger Zucker
4 Eigelb
50 ml Tia Maria

Einen großen Topf mit genügend Platz für eine Rührschüssel zur Hälfte mit warmem Wasser füllen. In der Rührschüssel das Kaffeepulver in dem kalten Wasser mit einem Schneebesen auflösen. Die restlichen Zutaten unter Rühren hinzufügen.

Die Schüssel in den Topf mit Wasser stellen und bei mittlerer Hitze aufsetzen. Den Inhalt der Schüssel mit dem Schneebesen 10 bis 12 Minuten kräftig aufschlagen. Die Wassertemperatur im Topf darf 90 °C nicht übersteigen, weil der Sabayon sonst gerinnt. Die Sauce selbst sollte nicht über 55 °C erhitzt werden. Sie ist fertig, wenn sie die Konsistenz von dichtem Eischnee erreicht hat, d. h. dickcremig, locker und glänzend ist. Sobald die Sauce diese Beschaffenheit hat, sie nicht mehr weiter aufschlagen.

Die Sauce in Schälchen, Stielgläser oder eine Sauciere füllen und sofort servieren.

Minzsauce

Sauce à la menthe

Diese cremige Sauce schmeckt ausgezeichnet zu ausgelöstem Fruchtfleisch von Orangen und Grapefruits oder zu einer Erdbeertorte. Sie paßt auch sehr gut zu Schneeklößchen anstelle der sonst üblichen Vanillesauce.

FÜR 4 PERSONEN

Zubereitungszeit: 15 Minuten
Garzeit: etwa 5 Minuten

ZUTATEN:

250 ml Milch
75 g feinkörniger Zucker
40 g frische Minze
3 Eigelb
1 EL kleingeschnittene Minze
Ein paar Tropfen grüner Pfefferminzsirup

Die Milch und zwei Drittel der Zuckermenge in einen Topf geben und langsam erhitzen. Sobald die Milch kocht, die Herdplatte ausschalten, die 40 g Minze zugeben und zugedeckt 10 Minuten ziehen lassen. Anschließend die Minze entfernen.

Das Eigelb und den restlichen Zucker in eine Schüssel geben und mit einem Schneebesen aufschlagen, bis eine dicke, hellgelbe Masse entsteht, die bandartig vom Löffel fließt. Die aromatisierte Milch unter Rühren zugießen. Diese Mischung zurück in den Topf geben und unter ständigem Rühren behutsam erhitzen, bis die Sauce etwa 80 °C warm ist und leicht am Löffel haftet. Zur Überprüfung der Konsistenz mit dem Finger über den Löffel fahren. Es sollte eine deutliche Spur sichtbar sein. Die Sauce dann sofort durch ein feinmaschiges Spitzsieb in eine Schüssel seihen. Bei Zimmertemperatur abkühlen lassen und dabei von Zeit zu Zeit umrühren, damit die Sauce nicht gerinnt und sich auf ihrer Oberfläche keine Haut bildet.

Die Sauce mit Folie abdecken. Sie kann bis zu 48 Stunden im Kühlschrank aufbewahrt werden. Kurz vor dem Servieren ein paar Tropfen Pfefferminzsirup und die kleingeschnittene Minze unterrühren.

Karamelsauce

Sauce caramel

Diese einfache und doch köstliche Sauce paßt zu einer Vielzahl von Desserts. Man kann sie sogar unter einen Joghurt rühren. Luftdicht verschlossen hält sie sich mehrere Tage im Kühlschrank.

FÜR 6 PERSONEN

Zubereitungszeit: 5 Minuten
Garzeit: etwa 15 Minuten

ZUTATEN:

100 g feinkörniger Zucker
75 g weiche Butter
1 Vanilleschote, längs aufgeschnitten und das Mark
herausgekratzt
400 ml Crème double

Butter, Zucker und Vanillemark in einen Topf mit extrastarkem Boden geben und unter ständigem Rühren mit einem Holzlöffel ganz langsam erhitzen, bis der Zucker aufgelöst ist. Die Zuckerlösung zu Karamel kochen, dann sofort den Topf von der Kochstelle ziehen und die Sahne unterrühren. (Vorsicht beim Zugießen der Sahne, denn der Karamel spritzt leicht.) Alles gründlich miteinander verrühren und die Sauce bei mittlerer Hitze weitere 5 Minuten kochen, dabei ständig weiterrühren. Die Sauce sollte zum Schluß glatt und glänzend sein. Durch ein feinmaschiges Spitzsieb gießen und bis zum Servieren auf Zimmertemperatur abkühlen lassen.

Rumsauce

Sauce au rhum

Die ideale Beigabe zu Brotpudding, englischem Plumpudding und Rum-Rosinen-Eiscreme.

FÜR 6 PERSONEN

Zubereitungszeit: 5 Minuten
Garzeit: etwa 10 Minuten

ZUTATEN:

300 ml Crème double
60 g feinkörniger Zucker
5 g Stärkemehl, in 2 EL Milch aufgelöst
75 ml brauner Rum, vorzugsweise Captain Morgan
oder Negrita
20 g Sultaninen, blanchiert, abgeschreckt und abgetropft

Sahne und Zucker in einen kleinen Topf geben und bei schwacher Hitze zum Kochen bringen. Das angerührte Stärkemehl unterrühren, 2 Minuten köcheln lassen, dann den Rum zugießen. Weitere 2 Minuten köcheln, zum Schluß die Sultaninen unterrühren und die fertige Sauce sehr heiß servieren.

Leichte Schokoladensauce

Sauce au chocolat légère

Diese leichte Sauce ist im Handumdrehen zubereitet und dazu auch noch verhältnismäßig kalorienarm. Sie paßt sehr gut zu Profiteroles, zu Eiscreme und Birnendesserts.

FÜR 6 PERSONEN

Zubereitungszeit: 10 Minuten
Garzeit: etwa 5 Minuten

ZUTATEN:

100 g ungesüßtes Kakaopulver
150 g feinkörniger Zucker
350 ml Wasser
20 g weiche Butter

Kakaopulver mit Zucker und Wasser in einem Topf zu einer glatten Masse verrühren. Auf kleiner Flamme unter ständigem Rühren aufkochen und 2 Minuten köcheln lassen. Die Butter portionsweise unterschlagen und weitere 2 Minuten kochen. Die Sauce sofort servieren oder für kurze Zeit im Wasserbad warm halten.

Klassische Schokoladensauce

Sauce au chocolat riche

Diese samtige Sauce ist recht üppig und schmeckt wunderbar zu Vanille- oder Mokka-Eiscreme, aber auch zu Baisers, gefüllt mit Schlagsahne. Da werden Kindheitserinnerungen wach …

FÜR 6 PERSONEN

Zubereitungszeit: 10 Minuten
Garzeit: etwa 5 Minuten

ZUTATEN:

200 g erstklassige Bitterschokolade oder Kuvertüre, gehackt
150 ml Milch
2 EL Crème double
30 g feinkörniger Zucker
30 g Butter, gewürfelt

Die gehackte Schokolade in eine Schüssel geben und im heißen Wasserbad schmelzen, dabei ständig mit einem Holzlöffel rühren, bis eine glatte Masse entstanden ist. Milch, Sahne und Zucker in einen Topf geben und unter Rühren mit einem Schneebesen aufkochen. Die kochendheiße Flüssigkeit unter die geschmolzene Schokolade rühren, dann diese Mischung zurück in den Topf geben und ein paar Sekunden unter Rühren aufwallen lassen. Die Herdplatte ausschalten und die Butter stückchenweise unterschlagen, bis die Sauce glatt und cremig ist. Durch ein feinmaschiges Spitzsieb passieren und heiß servieren.

Weiße Schokoladensauce mit Minze

Sauce au chocolat blanc et à la menthe

Die Minze verleiht der Sauce eine angenehme Frische. Kombiniert mit einer dunklen Schokoladensauce, schmeckt sie nicht nur gut, sondern sorgt auch für einen schönen farblichen Kontrast. Oder man gießt die köstliche Sauce über Schokoladen-Eiscreme und streut gehackte Pistazien darüber.

FÜR 6 PERSONEN

Zubereitungszeit: 10 Minuten
Garzeit: etwa 5 Minuten

ZUTATEN:

250 g weiße Kuvertüre oder weiße Schokolade
bester Qualität, gehackt
100 ml Milch
250 ml Crème double
7 g frische Minzeblätter
2 g Kümmelkörner

Die gehackte Schokolade in eine Schüssel geben und langsam im heißen Wasserbad zum Schmelzen bringen, dabei ständig mit einem Holzlöffel rühren, bis eine glatte Masse entstanden ist.

Milch und Sahne in einem Topf aufkochen. Sobald die ersten Bläschen aufsteigen, die Minzeblätter und die Kümmelkörner hineingeben, die Herdplatte ausschalten und den Topfdeckel auflegen. Die Aromazutaten 10 Minuten in der Milch ziehen lassen, dann die Milch durch ein Sieb abseihen und unter die geschmolzene Schokolade rühren.

Die Schokoladensauce in einen sauberen Topf umfüllen und bei mittlerer Hitze kurz aufwallen lassen, dabei ständig weiterrühren. Die Sauce heiß servieren oder für kurze Zeit im Wasserbad warm halten.

DIE PASSENDE SAUCE ZU VERSCHIEDENEN ZUTATEN UND GERICHTEN

Auf den folgenden Seiten werden Saucen aufgeführt, die mit Zutaten harmonieren, die sich entweder bereits in Ihrer Speisekammer oder Ihrem Kühlschrank befinden oder auf die Sie beim Einkaufen Lust und Appetit bekommen. Damit erübrigt sich die Frage, wie Sie Gemüse, Nudeln, Fisch, Fleisch oder Früchte phantasievoller auf den Tisch bringen. Studieren Sie einfach die folgende Liste, und Sie finden garantiert die richtige Sauce zum geplanten Gericht.

REGISTER